처음부터 다시
시작하는 **왕초보 일본어 단어장**

Japanese

WCB
Word
Master

처음부터 다시 시작하는
# 왕초보 일본어 단어장
# WCB Japanese Word Master

저 자  김현화, 장현애
발행인  고본화
발 행  반석출판사
2023년 10월 5일 초판 2쇄 인쇄
2023년 10월 10일 초판 2쇄 발행
반석출판사 | www.bansok.co.kr
이메일 | bansok@bansok.co.kr
블로그 | blog.naver.com/bansokbooks

07547 서울시 강서구 양천로 583, B동 1007호
(서울시 강서구 염창동 240-21번지 우림블루나인 비즈니스센터 B동 1007호)
대표전화 02) 2093-3399    팩 스 02) 2093-3393
출 판 부 02) 2093-3395    영업부 02) 2093-3396
등록번호  제315-2008-000033호

ISBN  978-89-7172-929-8 [13730]

처음부터 다시
시작하는 **왕초보 일본어 단어장**

Japanese

# WCB
# Word
# Master

반석출판사
**Bansok**

# 머리말

어학 공부에서 가장 중요한 것은 어휘력입니다. 어휘의 양에 따라 문장의 표현력과 구사능력이 상당히 달라지기에 풍부한 단어 습득은 어학을 시작하는 분들에게 일 순위 관문이 될 것입니다.

더 많은 단어를 가지는 것은 더 많은 표현의 기반을 마련하고 한 걸음 나아간 어학 공부를 향해 가는 자산을 축적하는 일이라고 할 수 있습니다.

그래서 저자는 독자들이 더 쉽고, 흥미롭고, 지루하지 않게 단어를 습득할 수 있어야 한다고 생각하게 되었습니다. 그리고 이를 돕고자 하는 노력의 일환으로 이미지를 삽입해서 어학이 가지는 지루하고 무미건조하며 삭막한 느낌을 배제하고, 친근감과 호감이 가미된 생명력이 있는 책을 만들고자 했습니다.

모든 학습의 기본은 흥미입니다. 흥미는 사람의 감성을 자극해서 호감을 불러일으키고 숨어 있는 잠재의식을 이끌어내는 놀라운 힘을 가졌습니다. 이 책은 무엇보다도 독자의 흥미를 자극해서 초급의 독자들도 적지 않은 단어들을 익힐 수 있도록 도와줍니다.

이미지는 인간의 역사가 태동하기 전부터 사람의 의식 저변에 깔린 무의식과 연결되어 있습니다.

단어를 이미지와 함께 공부했을 때가 그렇지 않은 경우보다 더 효율적이라는 것은 사회에서 널리 통용되고 공감하는 부분이기도 합니다.

반복에 반복을 거듭하며 고단하게 학습해야 할 어학 공부의 여정길에 생동감 넘치는 그림들이 친구가 되어 함께 하고 싶습니다.

저자 김현화, 장현어

# 이 책의 특징

외국어를 잘 하는 첫걸음은 무엇보다도 재미있게 공부하는 것입니다. 내가 일상생활에서 자주 접하는 것들을 배우고자 하는 언어로 옮겨보면서 우리는 재미와 흥미를 느끼고 외국어를 더 잘 습득하게 되지요. 이 책은 이처럼 우리가 자주 접하거나 사용하는 단어들을 주제별로 분류하여서 재미있게 공부할 수 있도록 하였습니다.

또한 단순히 단어를 나열하기만 한 것이 아니라, 단어와 함께 재미있는 이미지를 제공하여 단어의 확실한 의미가 보다 오랫동안 뇌리에 남게 하였습니다. 그리고 단어를 활용해 실생활에서 사용할 수 있는 대화 표현들도 함께 수록하였습니다.

초보자도 쉽게 따라 읽으며 학습할 수 있도록 일본어 발음을 원음에 가깝게 한글로 표기하였고, 원어민의 정확한 발음이 실린 mp3 파일을 반석출판사 홈페이지(www.bansok.co.kr)에서 무료로 제공합니다. 이 음원은 한국어 뜻도 함께 녹음되어 있어 음원을 들으며 단어 공부하기에 아주 좋습니다.

| **Intro**<br>한국 음식<br>일본 음식 | 우리가 좋아하는 음식들의 일본어 이름을 수록하였습니다. 맛있는 음식들을 상기하며 즐겁게 공부할 수도 있고, 외국인과 대화를 할 때에 우리 음식이나 일본 음식을 일본어로 소개할 수 있습니다. |
|---|---|
| **Part 01**<br>집과 생활 | 내가 태어나 자란 집과 생활 속에서 자주 접하는 의식주에 관한 단어들을 수록하였습니다. 가족에서부터 미용실까지 일상을 이루고 있는 다양한 단어들을 만나보세요. |
| **Part 02**<br>우리 몸과<br>생활 | 직업과 성격, 감정에서부터 우리 몸과 병, 의약품에 이르기까지 우리 자신에 대해 설명할 때 많이 쓰이는 단어들을 모아보았습니다. 나 자신에 대해서 다양한 부분들을 이야기해 보세요. |
| **Part 03**<br>자연과<br>취미 | 계절과 날씨, 요일과 달, 시간에서부터 취미, 전통, 동식물에 이르기까지 우리가 자연에서 경험할 수 있는 것들과 관련된 단어들을 모아 놓았습니다. 주변의 자연과 나의 취미에 대해 이야기해 보세요. |
| **Part 04**<br>교통과<br>여행 | 길거나 짧은 여행을 떠날 때 마주할 수 있는 교통과 여행 관련 단어들을 모아보았습니다. 여행의 경험에 대해 생각해보고 이야기해 보세요. |
| **Part 05**<br>사회와 국가 | 자연과는 다른 우리 주변의 사회와 국가를 다루었습니다. 주변의 다양한 기관들과 일본의 행정구역들, 세계 각국의 이름에 이르기까지 우리 사회를 탐험해 보세요. |
| **컴팩트<br>단어장** | 본문의 단어들을 우리말 뜻, 일본어, 한글 발음만 표기하여 한 번 더 실었습니다. 그림과 함께 익힌 단어들을 컴팩트 단어장으로 복습해 보세요. |

# 목차

# Intro

## 한국 음식, 일본 음식

**김밥**
キンパプ

**김치볶음밥**
キムチチャーハン

**돌솥비빔밥**
石焼きビビンバ

**갈비탕**
カルビタン

**잡채**
チャプチェ

**떡볶이**
トッポッキ

**순두부찌개**
スンドゥブチゲ

**김치찌개**
キムチチゲ

**삼계탕**
サムゲタン

**불고기**
プルコギ

**된장찌개**
テンジャンチゲ /
みそ鍋

**갈비찜**
カルビチム

**닭갈비**
タッカルビ

**부침개**
チヂミ

**양념치킨**
ヤンニョムチキン

**족발**
豚足 / チョッパル

**간장게장**

カンジャンケジャン

**감자탕**

カムジャタン

**냉면**

冷麺 (れいめん)

**부대찌개**

プデチゲ

**설렁탕**

ソルロンタン

**삼겹살**

サムギョプサル

**칼국수**

カルグクス

**빈대떡**

ビンデトッ

**쌈밥**

サムパプ /
包みご飯 (つつみごはん)

**전복죽**

アワビ粥 (かゆ)

**만두**

マンドゥ / 餃子 (ぎょーざ)

**비빔국수**

ビビングクス

**수제비**

スジェビ

**곰탕**

コムタン

**떡국**

トックク

**미역국**

ワカメスープ

**일식**
わしょく
和食

**생선회**
さしみ
刺身

**생선초밥**
すし
寿司

일본 코스요리
かいせきりょうり
懐石料理

**오차즈케**
ちゃづけ
お茶漬け

**볶음면**
や
焼きそば

**튀김덮밥**
てんどん
天丼

**전골**
や
すき焼き

**오세치요리**
(정월에 먹는 음식)
せちりょうり
お節料理

**우동**
うどん

**샤브샤브**
しゃぶしゃぶ

**메밀국수**
そば
蕎麦

**일본식 라면**
ラーメン

**낫또, 일본 청국장**
なっとう
納豆

**오코노미야키**
この や
お好み焼き

**돈가스 덮밥**
どん
カツ丼

# 和食 わ しょく

**튀김**
天ぷら てん

**소고기 덮밥**
牛丼 ぎゅうどん

**된장국**
味噌汁 み そ しる

**타코야끼**
たこ焼き や

**닭고기와 달걀이
들어간 덮밥**
親子丼 おや こ どん

**주먹밥**
おにぎり

**카레**
カレー

**매실 절임**
梅干し うめ ぼ

**장어덮밥**
鰻重 うなじゅう

**소고기감자조림**
肉じゃが にく

**닭꼬치**
焼き鳥 や とり

**돼지고기생강구이**
豚の生姜焼き ぶた しょうが や

**곱창전골**
もつ鍋 なべ

**오므라이스**
オムライス

**계란찜**
茶碗蒸し ちゃわん む

**채소절임**
お新香 しん こ

# Part
# 01

## 집과 생활

### 가족

· 자기 가족을 남에게 말할 때
家族 <sup>か ぞく</sup> 카조쿠

· 남의 가족을 부를 때
ご家族 <sup>か ぞく</sup> 고카조쿠

### 부모, 어버이

· 자기 가족을 남에게 말할 때
両親 <sup>りょうしん</sup> 료-신

· 남의 가족을 부를 때
ご両親 <sup>りょうしん</sup> 고료-신

### 할아버지

· 자기 가족을 남에게 말할 때
祖父 <sup>そ ふ</sup> 소후

· 남의 가족을 부를 때 & 자기 가족을 직접 부를 때
おじいさん
오지-상

### 할머니

· 자기 가족을 남에게 말할 때
祖母 <sup>そ ぼ</sup> 소보

· 남의 가족을 부를 때 & 자기 가족을 직접 부를 때
おばあさん
오바-상

### 아빠, 아버지

· 자기 가족을 남에게 말할 때
父 <sup>ちち</sup> 치치

· 남의 가족을 부를 때 & 자기 가족을 직접 부를 때
お父さん <sup>とう</sup> 오토-상

### 엄마, 어머니

· 자기 가족을 남에게 말할 때
母 <sup>はは</sup> 하하

· 남의 가족을 부를 때 & 자기 가족을 직접 부를 때
お母さん <sup>かあ</sup> 오카-상

### 남편

· 자기 가족을 남에게 말할 때
夫 / 主人 <sup>おっと</sup> <sup>しゅじん</sup>
옷토 / 슈징

· 남의 가족을 부를 때
ご主人 <sup>しゅじん</sup> 고슈징

### 아내, 부인

· 자기 가족을 남에게 말할 때
妻 / 家内 <sup>つま</sup> <sup>かない</sup>
츠마 / 카나이

· 남의 가족을 부를 때
奥さん <sup>おく</sup> 옥상

### 형 / 오빠

· 자기 가족을 남에게 말할 때
兄 <sup>あに</sup> 아니

· 남의 가족을 부를 때 & 자기 가족을 직접 부를 때
お兄さん <sup>にい</sup> 오니-상

### 누나 / 언니

· 자기 가족을 남에게 말할 때
姉 <sup>あね</sup> 아네

· 남의 가족을 부를 때 & 자기 가족을 직접 부를 때
お姉さん <sup>ねえ</sup> 오네-상

### 남동생

· 자기 가족을 남에게 말할 때
弟 <sup>おとうと</sup> 오토-토

· 남의 가족을 부를 때
弟さん <sup>おとうと</sup> 오토-토상

### 여동생

· 자기 가족을 남에게 말할 때
妹 <sup>いもうと</sup> 이모-토

· 남의 가족을 부를 때
妹さん <sup>いもうと</sup> 이모-토상

# 家族
かぞく

**며느리**
嫁
よめ
요메

**사위**
婿
むこ
무코

**손자**
孫
まご
마고

**손녀**
孫娘
まごむすめ
마고무스메

**사촌**
いとこ
이토코

**남자조카**
甥
おい
오이

**여자조카**
姪
めい
메이

**(외)백모,(외)숙모,
고모,이모**
おば
오바

**(외)백부,(외)숙부,
고모부,이모부**
おじ
오지

**친척**
親戚
しんせき
신세키

**형제자매**
兄弟姉妹
きょうだい しまい
쿄-다이시마이

**외동딸, 외동아들**
一人娘, 一人息子
ひとり むすめ ひとり むすこ
히토리무스메,
히토리무스코

가족은 몇 명입니까? 할머니와 부모님과 저 4인 가족입니다.
ご家族は何人ですか。祖母と両親と私の四人家族です。
かぞく なんにん そぼ りょうしん わたし よにん かぞく
고카조쿠와 난닌데스카 소보토 료-신토 와타시노 요닌카조쿠데스

**① 방**
部屋
へや
헤야

**일본식(다다미)방**
和室
わしつ
와시츠

**서양식(침대)방**
洋室
ようしつ
요-시츠

**② 침실**
寝室
しんしつ
신시츠

**③ 아이방**
子供部屋
こども べや
코도모베야

**④ 욕실**
浴室 / バスルーム
よくしつ
요쿠시츠 / 바스루-무

**⑤ 화장실**
お手洗い / トイレ
て あら
오테아라이 / 토이레

**⑥ 샤워실**
シャワー室
しつ
샤와-시츠

**⑦ 주방, 부엌**
台所
だいどころ
다이도코로

**⑧ 거실**
居間 / リビング
い ま
이마 / 리빙구

**⑨ 응접실**
応接間
おうせつま
오-세츠마

**⑩ 서재**
書斎
しょ さい
쇼사이

**⑪ 작업실**
仕事部屋
しごと べや
시고토베야

**⑫ 공부방**
勉強部屋
べんきょう べや
벵쿄베야

| ❶ 손님방<br>きゃくま<br>客間<br>캬쿠마 | ❷ 벽장<br>お い<br>押し入れ<br>오시이레 | ❸ 다락(방)<br>や ね うら<br>屋根裏<br>야네우라 | ❹ 옷방(드레스룸)<br>ドレスルーム<br>도레스루−무 |
|---|---|---|---|
| ❺ 다용도실<br>べんりしつ<br>便利室<br>벤리시츠 | ❻ 다도방<br>ちゃしつ<br>茶室<br>챠시츠 | ❼ 복도<br>ろうか<br>廊下<br>로−카 | ❽ 창고<br>そう こ<br>倉庫<br>소−코 |
| ❾ 지하실<br>ち か しつ<br>地下室<br>치카시츠 | ❿ 차고<br>しゃ こ<br>車庫<br>샤코 | ⓫ 베란다<br>ベランダ<br>베란다 | ⓬ 현관<br>げんかん<br>玄関<br>겡칸 |

와실은 다다미가 있는 일본의 전통적인 방입니다.
わ しつ　　　　たたみ　　　　に ほん　　でん とう てき　　へ や
和室は、畳がある日本の伝統的な部屋です。
와시츠와 타타미가아루 니혼노 덴토−테키나 헤야데스

| **①** 위층 | **②** 아래층 | **③** 계단 | **④** 대문 |
|---|---|---|---|
| じょうかい<br>上階 | か そう<br>下層 | かいだん<br>階段 | おおもん だいもん<br>大門 / 大門 |
| 죠-카이 | 카소- | 카이단 | 오-몬 / 다이몬 |

| **⑤** 창문 | **⑥** 정원, 마당 | **⑦** 잔디 | **⑧** 정원수 |
|---|---|---|---|
| まど<br>窓 | にわ<br>庭 | しばふ<br>芝生 | にわ き やくぼく<br>庭木 / 役木 |
| 마도 | 니와 | 시바후 | 니와키 / 야쿠보쿠 |

| **⑨** 정원석 | **⑩** 연못 | **⑪** 옥상 | **⑫** 테라스 |
|---|---|---|---|
| にわいし<br>庭石 | いけ<br>池 | おくじょう<br>屋上 | テラス |
| 니와이시 | 이케 | 오쿠죠- | 테라스 |

옥상에서 보는 야경은 너무 멋져요.

おくじょう み やけい すてき<br>屋上から見る夜景はとても素的です。

오쿠죠-카라 미루 야케-와 토테모 스테키데스

# 家② いえ

⑬ 굴뚝
えんとつ
**煙突**
엔토츠

⑭ 지붕
やね
**屋根**
야네

⑮ 울타리
かきね
**垣根**
카키네

⑯ 담
へい
**塀**
헤-

⑰ 벽
かべ
**壁**
카베

⑱ 기둥
はしら
**柱**
하시라

⑲ 마루
ゆか
**床**
유카

⑳ 천장
てんじょう
**天井**
텐죠-

㉑ 도어락
でん し じょう
**電子錠 /**
**デジタルロック**
덴시죠- /
데지타루록쿠

㉒ 문패
ひょうさつ
**表札**
효-사츠

㉓ 우편함
ゆうびん う
**郵便受け**
유-빙우케

㉔ 초인종
よ　　りん
**呼び鈴**
요비링

이 집은 천장이 높아서 자연광이 가득 들어옵니다.
いえ　　てんじょう　たか　　　し　ぜんこう　　　　　　　　　　はい
**この家は天井が高くて自然光がいっぱい入ってきます。**
코노 이에와 텐죠-가 타카쿠테 시젱코-가 입파이 하잇테키마스

**침대**
ベッド
벳도

**매트리스**
マットレス
맛토레스

**침대보**
ベッドカバー
벳도카바ー

**전기스탠드**
電気スタンド
뎅키스탄도

**협탁, 침대 옆 보조탁자**
サイドテーブル
사이도테ー부루

**담요**
毛布
모ー후

**블라인드**
ブラインド
브라인도

**옷장**
たんす
탄스

**서랍**
引き出し
히키다시

**옷걸이**
(スタンド)ハンガー
(스탄도)항가ー

**책꽂이**
本棚
혼다나

**아기침대, 요람**
揺り篭
유리카고

나는 침대보다 요에서 자는 것을 좋아해요.
私はベッドより敷布団で寝るのが好きです。
와타시와 벳도요리 시키부톤데 네루노가 스키데스

**가습기**
かしつき
加湿器
카시츠키

**책상**
つくえ
机
츠쿠에

**의자**
い す
椅子
이스

**화장대**
け しょうだい
化粧台
케쇼-다이

**화장품**
け しょうひん
化粧品
케쇼-힝

**이불**
ふ とん
布団
후통

**베개**
まくら
枕
마쿠라

**전등**
でん とう
電灯
덴토-

**스위치**
スイッチ
스윗치

**알람시계**
め ざ    どけい
目覚まし時計
메자마시도케-

**잠옷**
パジャマ
파쟈마

**슬리퍼**
スリッパ
스립파

가습기 청소하는 방법을 가르쳐 주지 않을래?
かしつき    そう じ    し かた    おし
加湿器の掃除の仕方を教えてくれない。
카시츠키노 소-지노 시카타오 오시에테쿠레나이

**욕실매트**
浴室マット
<ruby>浴<rt>よく</rt>室<rt>しつ</rt></ruby>
요쿠시츠맛토

**욕조완구**
バスおもちゃ
바스오모짜

**욕조**
浴槽
<ruby>浴<rt>よく</rt>槽<rt>そう</rt></ruby>
요쿠소ー

**빗**
櫛
<ruby>櫛<rt>くし</rt></ruby>
쿠시

**샤워가운**
シャワーガウン
샤와ー가운

**전기면도기**
電気剃刀
<ruby>電<rt>でん</rt>気<rt>き</rt>剃<rt>かみ</rt>刀<rt>そり</rt></ruby>
뎅키카미소리

**수도꼭지**
蛇口
<ruby>蛇<rt>じゃ</rt>口<rt>ぐち</rt></ruby>
쟈구치

**거울**
鏡
<ruby>鏡<rt>かがみ</rt></ruby>
카가미

**환기구**
換気口
<ruby>換<rt>かん</rt>気<rt>き</rt>口<rt>こう</rt></ruby>
캉키코ー

**체중계**
体重計
<ruby>体<rt>たい</rt>重<rt>じゅう</rt>計<rt>けい</rt></ruby>
타이쥬ー케ー

**면도용 크림**
シェービングクリーム
쉐ー빙구쿠리ー무

**샤워기**
シャワー
샤와ー

여동생은 틈만 나면 체중계로 몸무게를 잽니다.
妹は暇さえあれば体重計で体重を計ります。
<ruby>妹<rt>いもうと</rt>暇<rt>ひま</rt>体重計<rt>たいじゅうけい</rt>体重<rt>たいじゅう</rt>計<rt>はか</rt></ruby>
이모ー토와 히마사에아레바 타이쥬ー케ー데 타이쥬ー오 하카리마스

**휴지**
トイレットペーパー
토이렛토페-파-

**칫솔**
<ruby>歯<rt>は</rt></ruby>ブラシ
하부라시

**치약**
<ruby>歯<rt>は</rt></ruby><ruby>磨<rt>みが</rt></ruby>き<ruby>粉<rt>こ</rt></ruby>
하미가키코

**세면기**
<ruby>洗<rt>せん</rt></ruby><ruby>面<rt>めん</rt></ruby><ruby>器<rt>き</rt></ruby>
셈멩키

**수건**
タオル
타오루

**좌변기**
<ruby>便<rt>べん</rt></ruby><ruby>器<rt>き</rt></ruby>
벵키

**샴푸**
シャンプー
샴푸-

**헤어컨디셔너**
ヘアコンディショナー
헤아콘디쇼나

**비누**
<ruby>石<rt>せっ</rt></ruby><ruby>鹼<rt>けん</rt></ruby>
섹켄

**드라이기**
ドライヤー
도라이야-

**수건걸이**
タオル<ruby>掛<rt>か</rt></ruby>け
타오루카케

**배수관**
<ruby>排<rt>はい</rt></ruby><ruby>水<rt>すい</rt></ruby><ruby>溝<rt>こう</rt></ruby>
하이스이코-

더러운 세면대를 청소하면 기분이 좋아진다.
<ruby>洗<rt>せん</rt></ruby><ruby>面<rt>めん</rt></ruby><ruby>器<rt>き</rt></ruby>の<ruby>汚<rt>よご</rt></ruby>れを<ruby>掃除<rt>そうじ</rt></ruby>すると<ruby>気持<rt>きも</rt></ruby>がよくなる。
셈멩키노 요고레오 소-지스루토 키모치가 요쿠나루

**소파**
ソファー
소화-

**쿠션**
クッション
쿳숀

**코타츠 테이블**
こたつ
코타츠

**방석**
座布団
자부통

**장식장**
飾り棚
카자리다나

**샹들리에**
シャンデリア
샨데리아

**벽난로**
暖炉
단로

**꽃병**
花瓶
카빙

**벽지**
壁紙
카베가미

**액자**
額縁
가쿠부치

**시계**
時計
토케-

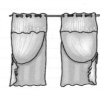

**커튼**
カーテン
카-텐

---

코타츠에서 자는 건 위험하니까 항상 조심해.

こたつで寝るのは危ないからいつも気をつけてね。

코타츠데 네루노와 아부나이카라 이츠모 키오츠케테네

26

# 居間/リビング

**달력**
カレンダー
카렌다-

**안마의자**
マッサージチェア
맛사-지체아

**에어컨**
エアコン
에아콩

**라디오**
ラジオ
라지오

**청소기**
掃除機
소-지키

**텔레비전**
テレビ
테레비

**리모컨**
リモコン
리모콩

**콘센트**
コンセント
콘센토

**카펫**
カーペット
카-펫토

**전화기**
電話機
뎅와키

**컴퓨터**
パソコン
파소콩

**공기청정기**
空気清浄器
쿠-키세-죠-키

미세먼지와 바이러스에 효과적인 공기청정기를 사고 싶은데요 추천해주십시오.

PM2.5とウイルスに効果的な空気清浄器を買いたいんですが、おすすめしてください。

피에무니텡고토 우이루스니 코-카테키나 쿠-키세-죠-키오 카이타인데스가 오스스메시테쿠다사이

**다리미**
アイロン
아이롱

**재봉틀**
ミシン
미싱

**바늘**
<sup>はり</sup>針
하리

**실**
<sup>いと</sup>糸
이토

**가위**
はさみ
하사미

**손톱깍이**
<sup>つめ き</sup>爪切り
즈메키리

**대걸레**
モップ
몹푸

**양동이**
バケツ
바케츠

**빗자루**
<sup>ほうき</sup>箒
호-키

**쓰레받기**
<sup>と</sup>ちり取り
치리토리

**우산 / 양산**
<sup>かさ</sup>傘 / <sup>ひがさ</sup>日傘
카사 / 히가사

**선풍기**
<sup>せんぷう き</sup>扇風機
셈푸-키

---

이 재봉틀은 초보자도 쉽게 사용할 수 있어요.
この<sup>しょしんしゃ</sup>ミシンは初心者でも<sup>かんたん</sup>簡単に<sup>つか</sup>使えます。
코노 미싱와 쇼신샤데모 칸탄니 츠카에마스

**카메라**
カメラ
카메라

**티슈 케이스**
ティッシュケース
팃슈케-스

**손전등**
かいちゅうでんとう
壊中電灯
카이츄-덴토-

**전지**
でんち
電池
덴치

**초**
ろうそく
蝋燭 / キャンドル
로-소쿠 / 캰도루

**라이터**
ライター
라이타-

**열쇠**
かぎ
鍵
카기

**제습제**
じょしつざい
除湿剤
죠시츠자이

**우산꽂이**
かさたて
傘立て
카사타테

**망치, 못**
くぎ
ハンマー, 釘
함마-, 쿠기

**디퓨저**
ディフューザー
디퓨-자-

**재떨이**
はいざら
灰皿
하이자라

요즘은 손전등 앱을 많이 사용합니다.
さいきん かいちゅうでんとう つか
最近は懐中電灯のアプリをよく使います。
사이킹와 카이츄-덴토-노 아푸리오 요쿠 츠카이마스

**전기밥솥**
電気炊飯器
뎅키스이항키

**식탁, 테이블**
テーブル
테-부루

**식탁보**
テーブルクロス
테-부루쿠로스

**밥상**
ちゃぶ台
챠부다이

**찬장**
食器棚
숏키다나

**계량컵**
計量カップ
케-료-캅푸

**가스레인지**
ガスレンジ
가스렌지

**환기팬**
換気扇
캉키센

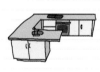

**싱크대**
流し台
나가시다이

**고무장갑**
ゴム手袋
고무테부쿠로

**수세미**
束子
타와시

**주방세제**
キッチン用洗剤
킷친요-센자이

---

어제 인터넷 쇼핑에서 전기밥솥을 샀습니다.

昨日インターネットショッピングで電気炊飯器を買いました。

키노- 인타-넷토숍핑구데 뎅키스이항키오 카이마시타

**행주**
布巾
후킹

**냉장고**
冷蔵庫
레-조우코

**냉동고**
冷凍庫
레-토우코

**앞치마**
エプロン
에푸론

**도마**
まな板
마나이타

**칼**
包丁
호-쬬-

**전자레인지**
電子レンジ
덴시렌지

**믹서기**
ミキサー
믹사-

**오븐**
オーブン
오-분

**식기세척기**
食器洗浄機
쇽키센죠-키

**토스터기**
トースター
토-스타-

**전기포트**
電気ポット
뎅키폿토

전자레인지는 순식간에 음식을 데워서 정말 편리하다
電子レンジはあっという間に食べ物を温めてほんとうに便利です。
덴시렌지와 앗토이우마니 타베모노오 아타타메테 혼토-니 벤리데스

31

**냄비**
なべ
鍋
나베

**압력솥**
あつりょくなべ
圧力鍋
아츠료쿠나베

**곰솥**
ずんどう
寸胴
즌도-

**편수중화팬**
ペ きんなべ
北京鍋
페킨나베

**프라이팬**
フライパン
후라이판

**주전자**
やかん
야캉

**사발**
ボール
보-루

**큰 접시**
おおざら
大皿
오-자라

**작은 접시, 앞 접시**
こざら
小皿
코자라

**냄비받침**
なべ し
鍋敷き
나베시키

**간장접시**
しょうゆざら
醬油皿
쇼-유자라

**술병**
とく り
徳利
토쿠리

압력솥으로 갈비찜을 만들면 요리시간이 짧아집니다.
あつりょくなべ        つく    りょうり    じ かん  みじか
圧力鍋でカルビチムを作ると料理の時間が短くなります。
아츠료쿠나베데 카루비치무오 츠쿠루토 료-리노 지캉가 미지카쿠 나리마스

**작은 술잔**
お<ruby>猪口<rt>ちょこ</rt></ruby>
오쵸코

**국자**
お<ruby>玉<rt>たま</rt></ruby>
오타마

**뒤집개**
フライ<ruby>返<rt>がえ</rt></ruby>し
후라이가에시

**밥주걱**
<ruby>杓文字<rt>しゃもじ</rt></ruby>
샤모지

**젓가락받침대**
<ruby>箸置<rt>はし お</rt></ruby>き
하시오키

**우동숟가락**
れんげ
렝게

**면 건지기**
てぼ
테보

**된장 거름망**
<ruby>味噌<rt>み そ</rt></ruby>こし
미소코시

**쟁반**
トレイ
토레이

**젓가락**
<ruby>箸<rt>はし</rt></ruby>
하시

**포크**
フォーク
훠-쿠

**숟가락**
スプーン
스푸-운

일본에서는 식사할 때 젓가락만 사용해서 밥을 먹거나 국을 먹습니다.
<ruby>日本<rt>に ほん</rt></ruby>では<ruby>食事<rt>しょく じ</rt></ruby>する<ruby>時<rt>とき</rt></ruby>、<ruby>箸<rt>はし</rt></ruby>だけ<ruby>使<rt>つか</rt></ruby>ってご<ruby>飯<rt>はん</rt></ruby>を<ruby>食<rt>た</rt></ruby>べたり、<ruby>汁物<rt>しるもの</rt></ruby>を<ruby>飲<rt>の</rt></ruby>んだりします。
니혼데와 쇼쿠지스루토키 하시다케 츠캇테 고항오 타베타리 시루모노오 논다리시마스

**거품기**
泡<small>あわ</small>だて器<small>き</small>
아와다테키

**주방가위**
キッチンバサミ
킷친바사미

**쌀통**
米<small>こめ</small>びつ
코메비츠

**필러**
ピーラー
피-라-

**채칼, 슬라이서**
スライサー
스라이사-

**주방집게**
トング
통구

**찜통**
蒸<small>む</small>し器<small>き</small>
무시키

**유리컵**
ガラスコップ
가라스콥푸

**머그컵**
マグカップ
마구캅푸

**알루미늄 호일**
アルミホイル
아루미호이루

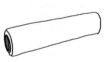

**랩**
ラップ
랍푸

**키친 타올**
キッチンタオル
킷친타오루

부주의로 머그컵이 깨져버렸다.
不注意<small>ふ ちゅう い</small>でマグカップが割<small>わ</small>れちゃった。
후츄-이데 마구캅푸가 와레챳타

**병따개**
栓抜き
센누키

**보존용기**
保存容器
호종요-키

**도시락 통**
弁当箱
벤토-바코

**커피메이커**
コーヒーメーカー
코-히-메-카-

**저울**
クッキングスケール
쿡킹구스케-루

**쓰레기통**
ゴミ箱
고미바코

**유리병**
ガラス瓶
가라스빙

**계량스푼**
計量スプーン
케-료-스푸-운

**칼꽂이**
ナイフブロック
나이후부록쿠

**깔때기**
漏斗
죠-고

**보온병**
摩法瓶
마호-빙

**깡통 따개**
缶切り
캉키리

미안. 부엌에 있는 쓰레기통을 치워주지 않을래?
ごめん、台所にあるゴミ箱を片付けてくれない。
고멘 다이도코로니 아루 고미바코오 카타즈케테 쿠레나이

**배추**
白菜
학사이

**양배추**
キャベツ
캬베츠

**시금치**
ほうれん草
호-렌소-

**아스파라거스**
アスパラガス
아스파라가스

**브로콜리**
ブロッコリー
부록코리-

**콜리플라워**
カリフラワー
카리후라와-

**양상추**
レタス
레타스

**오이**
きゅうり
큐-리

**가지**
なす
나스

**미나리**
せり
세리

**부추**
にら
니라

**쑥**
蓬
요모기

---

양배추는 위에 좋은 음식입니다.
キャベツは胃に良い食べ物です。
캬베츠와 이니 요이 타베모노데스

# 野菜① やさい

**표고버섯**
しいたけ
시-타케

**바질**
バジル
바지루

**케일**
ケール
케-루

**쑥갓**
春菊 しゅんぎく
슝기쿠

**대파**
ねぎ
네기

**청경채**
ちんげん菜 さい
칭겐사이

**비트**
ビーツ
비-츠

**레몬그라스**
レモングラス
레몽구라스

**샐러리**
セロリ
세로리

**고사리**
わらび
와라비

**쪽파**
わけぎ
와케기

**고수 잎**
パクチー /
コリアンダー
파쿠치- / 코리안다-

미안합니다만 고수는 빼고 주십시오.

すみませんが、パクチーは抜いてお願いします。
ぬ　　　ねが

스미마셍가 파쿠치-와 누이테 오네가이시마스

37

무
大根
<small>だいこん</small>
다이콩

순무
かぶ
카부

양파
玉ねぎ
<small>たま</small>
타마네기

감자
じゃが芋
<small>いも</small>
쟈가이모

고구마
さつま芋
<small>いも</small>
사츠마이모

마
山芋
<small>やまいも</small>
야마이모

토란
里芋
<small>さといも</small>
사토이모

호박
かぼちゃ
카보챠

여주
ゴーヤ / 苦瓜
<small>にがうり</small>
고-야 / 니가우리

연근
れんこん
렝콘

우엉
ごぼう
고보-

마늘
にんにく
닌니쿠

---

마를 갈아서 달걀과 간장을 넣고 잘 비벼먹으면 맛있습니다.

山芋をすりおろし、卵と醤油を入れてよく混ぜて食べるとおいしい
<small>やまいも</small>　　　　　　　　　　<small>たまご</small>　<small>しょうゆ</small>　<small>い</small>　　　　　　<small>ま</small>　　　<small>た</small>

です。

야마이모오 스리오로시 타마고토 쇼-유오 이레테 요쿠 마제테 타베루토 오이시-데스

**생강**
しょうが
쇼-가

**갓, 겨자**
からし菜 な
카라시나

**당근**
にんじん
닌징

**고추냉이**
山葵 わさび
와사비

**도라지**
桔梗 ききょう
키쿄-

**더덕**
蔓人参 つるにんじん
즈루닌징

**토마토**
トマト
토마토

**죽순**
竹の子 たけ こ
타케노코

**고추**
唐辛子 とうがらし
토-가라시

**콩나물**
豆萌やし まめ も
마메모야시

**숙주**
萌やし も
모야시

**파프리카**
パプリカ
파푸리카

아이들은 당근을 싫어하는 경우가 많습니다.
子供はにんじんが嫌いなことが多いです。 こども きら おお
코도모와 닌징가 키라이나 코토가 오-이데스

**사과**
りんご
링고

**배**
<ruby>梨<rt>なし</rt></ruby>
나시

**복숭아**
<ruby>桃<rt>もも</rt></ruby>
모모

**귤**
みかん
미캉

**감**
<ruby>柿<rt>かき</rt></ruby>
카키

**딸기**
<ruby>苺<rt>いちご</rt></ruby>
이치고

**살구**
<ruby>杏<rt>あんず</rt></ruby>
안즈

**포도**
<ruby>葡萄<rt>ぶ どう</rt></ruby>
부도ー

**수박**
<ruby>西瓜<rt>すい か</rt></ruby>
스이카

**유자**
<ruby>柚子<rt>ゆ ず</rt></ruby>
유즈

**자두**
<ruby>李<rt>すもも</rt></ruby>
스모모

**참외**
まくわ<ruby>瓜<rt>うり</rt></ruby>
마쿠와우리

---

과일은 전부 다 좋아하는데 그 중에서도 딸기가 제일 좋아.
<ruby>果物<rt>くだ もの</rt></ruby>は<ruby>全部<rt>ぜん ぶ</rt></ruby><ruby>好<rt>す</rt></ruby>きなんだけど、その<ruby>中<rt>なか</rt></ruby>でもいちごが<ruby>一番<rt>いちばん</rt></ruby><ruby>好<rt>す</rt></ruby>き。
쿠다모노와 젬부 스키난다케도 소노 나카데모 이치고가 이치반 스키

**오디**
桑の実
くわ み
쿠와노미

**앵두**
桜桃
おう とう
오-토-

**무화과**
無花果
いちじく
이치지쿠

**석류**
石榴
ざくろ
자쿠로

**대추**
棗
なつめ
나츠메

**밤**
栗
くり
쿠리

**자몽**
グレープフルーツ
구레-푸후루-츠

**바나나**
バナナ
바나나

**레몬**
レモン
레몬

**파인애플**
パイナップル
파이납푸르

**블루베리**
ブルーベリー
부루-베리-

**아보카도**
アボカド
아보카도

---

한때 자몽에 빠졌을 때는 매일 3개씩 먹었어.

いち じ　　　　　　　　　　　　　 とき　　まいにちさん こ　　 た
一時グレープフルーツにはまった時には毎日三個ずつ食べたよ。

이치지 구레-푸후루-츠니 하맛타토키니와 마이니치 상코즈츠 타베타요

**쌀**
こめ
米
코메

**백미**
はくまい
白米
하쿠마이

**현미**
げんまい
玄米
겜마이

**잡쌀**
ごめ
もち米
모치고메

**보리**
むぎ
麦
무기

**밀**
こ むぎ
小麦
코무기

**호밀**
むぎ
ライ麦
라이무기

**귀리**
えん ばく       むぎ
燕麦 / オート麦
엠바쿠 / 오-토무기

**율무**
はとむぎ
하토무기

**콩**
まめ
豆
마메

**대두**
だいず
大豆
다이즈

**작두콩**
まめ
なた豆
나타마메

건강을 위해서 백미보다는 현미를 드십시오.
けん こう          はくまい    げんまい    た
健康のため、白米より玄米を食べてください。
켕코-노타메 하쿠마이요리 겜마이오 타베테쿠다사이

42

**팥**
あずき
小豆
아즈키

**완두**
えんどう
豌豆
엔도-

**녹두**
りょくとう
緑豆
료쿠토-

**강낭콩**
まめ
いんげん豆
잉겜마메

**메밀**
そ ば
蕎麦
소바

**참깨**
ご ま
胡麻
고마

**들깨**
えごま
荏胡麻
에고마

**조**
あわ
粟
아와

**기장**
きび
키비

**땅콩**
ピーナッツ
피-낫츠

**병아리콩**
まめ
ひよこ豆
히요코마메

**옥수수**
とうもろこし
토-모로코시

홋카이도산 팥을100% 사용한 팥빵이 이 가게의 명물입니다.

ほっかいどうさん　　　　　　　　　しょう　　　　　　　　　　　　　　　　みせ　めいぶつ
# 北海土産あずきを100%使用したあんパンがこのお店の名物です。

혹카이도-산 아즈키오 햐쿠파-센토 시요-시타 암팡가 코노 오미세노 메-부츠데스

43

**쇠고기**
ぎゅう にく
牛肉
규ー니쿠

**닭고기**
とり にく
鶏肉
토리니쿠

**돼지고기**
ぶた にく
豚肉
부타니쿠

**말고기**
ば にく
馬肉
바니쿠

**양고기**
マトン
마톤

**새끼 양고기**
ラム
라무

**오리고기**
かも にく
鴨肉
카모니쿠

**칠면조**
しち めんちょう
七面鳥
시치멘쿄ー

**사슴고기**
しか にく
鹿肉
시카니쿠

**소시지**
ソーセージ
소ー세ー지

**햄**
ハム
하무

**베이컨**
ベーコン
베ー콘

크리스마스에 칠면조를 먹는 것은 영국의 관습 입니다

しち めんちょう　　た　　　　　　　　　　　かんしゅう
クリスマスに七面鳥を食べるのはイギリスの慣習です。
쿠리스마스니 시치멘쿄ー오 타베루노와 이기리스노 칸슈ー데스

# 肉類
にくるい

### 양지
ともバラ
토모바라

### 곱창
ホルモン
호루몬

### 갈비
カルビ
카루비

### 등심
ロース
로-스

### 소 혀
タン
탄

### 간
レバー
레바-

### 항정살
豚とろ
とん
톤토로

### 삼겹살
豚バラ
ぶた
부타바라

### 목심
肩ロース
かた
카타로-스

### 닭 가슴살
ささみ
사사미

### 닭 날개
手羽先
て ば さき
테바사키

### 닭 모래주머니
すなぎも
스나기모

처음으로 닭날개를 구입했는데, 만드는 방법 좀 알려주세요.

初めて手羽先を買いましたが、作り方を教えてください。
はじ　　て ば さき　か　　　　　　　　つく かた おし

하지메테 테바사키오 카이마시타가 츠쿠리카타오 오시에테쿠다사이

**참치**
まぐろ
鮪
마구로

**멸치(멸치의 크기
에 따라 부르는 이
름이 달라짐)**

かたくちいわし
카타쿠치이와시

**농어**
すずき
鱸
스즈키

**잉어**
こい
鯉
코이

**메기**
なまず
鯰
나마즈

**대구**
たら
鱈
타라

**방어**
ぶり
鰤
부리

**갈치**
たちうお
太刀魚
타치우오

**전갱이**
あじ
鯵
아지

**고등어**
さば
鯖
사바

**꽁치**
さんま
秋刀魚
삼마

**광어**
ひらめ
平目
히라메

---

참치를 너무 좋아해서 일주일에 다섯 번 정도는 참치덮밥이나 참치회를 먹습니다.

マグロが大好きで、一週間に五回ぐらいはマグロ丼やマグロの
だい す　　　　　いっしゅうかん　ご かい　　　　　　　　　　どん
刺身を食べます。
さし み　た

마구로가 다이스키데 잇슈-칸니 고카이구라이와 마구로돈야 마구로노사시미오 타베마스

| 명태 | 연어 | 장어 | 도미 |
|---|---|---|---|
| めんたい | さけ | うなぎ | たい |
| 明太 | 鮭 / サーモン | 鰻 | 鯛 |
| 멘타이 | 사케 / 사-몬 | 우나기 | 타이 |

| 송어 | 숭어 | 은어 | 상어 |
|---|---|---|---|
| ます | | あゆ | さめ |
| 鱒 | ぼら | 鮎 | 鮫 |
| 마스 | 보라 | 아유 | 사메 |

| 전어 | 붕어 | 정어리 | 복어 |
|---|---|---|---|
| | ふな | | |
| このしろ / こはだ | 鮒 | いわし | ふぐ |
| 코노시로 / 코하다 | 후나 | 이와시 | 후구 |

복은 내장 등에 독을 가지고 있어서 다루기가 어렵습니다.

ない ぞう　　　どく　も　　　　あつか　　　むずか
## ふぐは内蔵などに毒を持っているから扱いが難しいです。
후구와 나이조-나도니 도쿠오 못테이루카라 아츠카이가 무즈카시-데스

**오징어**
いか
烏賊
이카

**가리비**
ほたて
호타테

**전복**
あわび
鮑
아와비

**해삼**
なまこ
나마코

**소라**
さざえ
사자에

**골뱅이**
がい
つぶ貝
츠부가이

**대합**
はまぐり
蛤
하마구리

**새조개**
とり がい
鳥貝
토리가이

**게**
かに
카니

**성게알**
イクラ
이쿠라

**굴**
かき
카키

**새우**
え び
海老
에비

---

전복은 맛있고 건강에도 좋지만, 가격이 비쌉니다.

あわびはおいしくて健康にもいいですけど、値段が高いです。
けん こう　　　　　　　　　　　　　　　ね だん　たか

아와비와 오이시쿠테 켕코ー니모 이이데스케도 네당가 타카이데스

| 홍합 | 키조개 | 다시마 | 미역 |
|---|---|---|---|
| 貽貝 | たいらぎ | 昆布 | わかめ |
| いがい | | こん ぶ | |
| 이가이 | 타이라기 | 콤부 | 와카메 |

| 김 | 문어 | 성게 | 불가사리 |
|---|---|---|---|
| のり | たこ | うに | ひとで |
| 노리 | 타코 | 우니 | 히토데 |

| 해파리 | 톳 | 다슬기 | 가재 |
|---|---|---|---|
| くらげ | ひじき | かわにな | ざりがに |
| 쿠라게 | 히지키 | 카와니나 | 자리가니 |

한국 김을 선물로 받으면 매우 기쁩니다.

韓国のりをお土産にもらったらとても嬉しいです。
かん こく　　　　　 みやげ　　　　　　　　　　 うれ

캉코쿠노리오 오미야게니 모랏타라 토테모 우레시ー데스

**유제품**
にゅうせいひん
乳製品
뉴-세-힝

**우유**
ぎゅうにゅう
牛乳
규-뉴-

**저지방우유**
てい し ぼうぎゅうにゅう
低脂肪牛乳
테-시보-규-뉴-

**고지방우유**
こう し ぼうぎゅうにゅう
高脂肪牛乳
코-시보-규-뉴-

**무지방우유**
む し ぼうぎゅうにゅう
無脂肪牛乳
무시보-규-뉴-

**농축유**
のうしゅくにゅう
濃縮乳
노-슈쿠뉴-

**버터**
バター
바타-

**버터밀크**
バターミルク
바타-미루쿠

**사워크림**
サワークリーム
사와-쿠리-무

**연유**
れんにゅう
練乳
렌뉴-

**크림**
クリーム
쿠리-무

**생크림**
なま
生クリーム
나마쿠리-무

---

딸은 빙수를 너무 좋아해서 부드러운 얼음에 연유만 뿌려도 잘 먹는다.
むすめ    こおり  だい す          こおり  れんにゅう
娘はかき氷が大好きで、フワフワの氷に練乳だけかけてもよく食
た
べれる。
무스메와 카키코-리가 다이스키데 후와후와노 코-리니 렌뉴-다케 카케테모 요쿠 타베레루

**치즈**

チーズ

치-즈

**크림치즈**

クリームチーズ

쿠리-무치-즈

**리코타치즈**

リコッタチーズ

리콧타치-즈

**체더치즈**

チェダーチーズ

체다-치-즈

**까망베르치즈**

カマンベールチーズ

카맘베-루치-즈

**고다치즈**

ゴーダチーズ

고-다치-즈

**에멘탈치즈**

エメンタールチーズ

에멘타-루치-즈

**고르곤졸라치즈**

ゴルゴンゾーラチーズ

고루곤조-라치-즈

**분유**

こな　　　　ふんにゅう
粉ミルク / 粉乳

코나미루쿠 / 훈뉴-

**아이스크림**

アイスクリーム

아이스쿠리-무

**젤라또**

ジェラート

제라-토

**요거트**

ヨーグルト

요-구루토

이탈리아에서 처음 먹었던 젤라토의 맛은 지금도 잊을 수가 없어.

はじ　　た　　　　　　　　　　あじ　いま　　わす
イタリアで初めて食べたジェラートの味は今でも忘れられない。

이타리아데 하지메테 타베타 제라-토노 아지와 이마데모 와수레라레나이

**베이글**
ベーグル
베-구르

**바게트**
バゲット
바겟토

**고로케**
コロッケ
코록케

**소라빵**
コロネ
코로네

**팥빵**
あんパン
암팡

**시나몬롤**
シナモンロール
시나몬로-루

**멜론빵**
メロンパン
메롬팡

**도넛**
ドーナツ
도-나츠

**크로와상**
クロワッサン
쿠로왓산

**깜파뉴**
カンパーニュ
캄파-뉴

**식빵**
食パン
쇼쿠팡

**핫케이크**
ホットケーキ
홋토케-키

요즘 남편이 고로케를 자주 사와요. 그래서 오늘 밤은 집에서 만들어 봤어요.

最近、夫がコロッケをよく買ってきます。それで今夜は家で作って
みました。

사이킨 옷토가 코록케오 요쿠 캇테키마스 소레데 콩야와 이에데 츠쿳테미마시타

**머핀**

マフィン

마휜

**카레빵**

カレーパン

카레-팡

**난(인도 · 중앙아시아의 납작한 빵)**

ナン

난

**프레첼**

プレッツェル

푸렛체루

**파이**

パイ

파이

**롤빵**

ロールパン

로-루팡

**파니니**

パニーニ

파니-니

**포카치아**

フォカッチャ

훠캇챠

**치아바타**

チャバッタ

챠밧타

**호밀빵**

ライ<ruby>麦<rt>むぎ</rt></ruby>パン

라이무기팡

**스콘**

スコーン

스코-온

**토르티야**

トルティーヤ

토루티-야

카레빵하고 멜론빵 중 어떤 것을 더 좋아하세요?

カレーパンとメロンパンどっちの<ruby>方<rt>ほう</rt></ruby>が<ruby>好<rt>す</rt></ruby>きですか。

카레-팡토 메롬팡 돗치노호-가 스키데스카

**된장**
味噌
미소

**소금**
塩
시오

**설탕**
砂糖
사토-

**식초**
酢
스

**간장**
醤由
쇼-유

**고추장**
コチュジャン
코쮸쟝

**마요네즈**
マヨネーズ
마요네-즈

**참기름**
ごま油
고마아부라

**물엿**
水飴
미즈아메

**후추**
こしょう
코쇼-

**식용유**
サラダ油
사라다유

**참깨**
ごま
고마

마요네즈는 쉽게 만들 수 있기 때문에 만드는 방법을 기억해 두면 좋습니다.

**マヨネーズは簡単に作れるので、作り方を覚えておくといいです。**

마요네-즈와 칸탄니 츠쿠레루노데 츠쿠리카타오 오보에테오쿠토 이이데스

| | | | |
|---|---|---|---|
|  |  |  |  |
| **핫소스** | **케첩** | **올리브유** | **맛술** |
| ホットソース | ケチャップ | オリーブオイル | 味醂<br>みりん |
| 홋토소-스 | 케챱푸 | 오리-부오이루 | 미린 |

| | | | |
|---|---|---|---|
|  |  |  |  |
| **머스터드** | **안초비로 만든 소스** | **칠리소스** | **타바스코** |
| マスタード | アンチョビソース | チリソース | タバスコ |
| 마스타-도 | 안쵸비소-스 | 치리소-스 | 타바스코 |

| | | | |
|---|---|---|---|
|  |  |  |  |
| **가다랑어포** | **우스타소스** | **고추냉이** | **시치미**(일본향신료) |
| かつお節<br>ぶし | ウスターソース | わさび | 七味唐辛子<br>しちみ とう がら し |
| 카츠오부시 | 우스타-소-스 | 와사비 | 시치미토-가라시 |

채소와 두부에 가다랑어포를 넣고 섞은 샐러드가 가게의 단골 요리입니다.

<ruby>野<rt>や</rt></ruby><ruby>菜<rt>さい</rt></ruby>と<ruby>豆<rt>とう</rt></ruby><ruby>腐<rt>ふ</rt></ruby>にかつお<ruby>節<rt>ぶし</rt></ruby>を<ruby>入<rt>い</rt></ruby>れて<ruby>混<rt>ま</rt></ruby>ぜたサラダがお<ruby>店<rt>みせ</rt></ruby>の<ruby>定<rt>てい</rt></ruby><ruby>番<rt>ばん</rt></ruby><ruby>料<rt>りょう</rt></ruby><ruby>理<rt>り</rt></ruby>です。

야사이토 토-후니 카츠오부시오 이레테 마제타 사라다가 오미세노 테-반료-리데스

**굽다**
焼<sub>や</sub>く
야쿠

**데치다**
ゆがく
유가쿠

**끓이다**
煮<sub>に</sub>る
니루

**튀기다**
揚<sub>あ</sub>げる
아게루

**자르다**
切<sub>き</sub>る
키루

**잘게 썰다**
刻<sub>きざ</sub>む
키자무

**볶다**
炒<sub>いた</sub>める
이타메루

**찌다**
蒸<sub>む</sub>す
무스

**갈다(강판에)**
下<sub>お</sub>ろす
오로스

**무치다**
和<sub>あ</sub>える
아에루

**섞다**
まぜる
마제루

**녹이다**
溶<sub>と</sub>かす
토카스

---

야키소바를 만들기 위해 먼저 야채를 채 썰어 볶습니다.

焼<sub>や</sub>きそばを作<sub>つく</sub>るため、まず野菜<sub>やさい</sub>を千切<sub>せんぎ</sub>りにして炒<sub>いた</sub>めます。

야키소바오 츠쿠루타메 마즈 야사이오 센기리니시테 이타메마스

**삶다**
茹でる
<ruby>茹<rt>ゆ</rt></ruby>でる
유데루

**데우다**
温める
<ruby>温<rt>あたた</rt></ruby>める
아타타메루

**반죽하다**
捏ねる
<ruby>捏<rt>こ</rt></ruby>ねる
코네루

**밀다**
伸ばす
<ruby>伸<rt>の</rt></ruby>ばす
노바스

**훈제하다**
燻製する /
<ruby>燻製<rt>くんせい</rt></ruby>する /
燻製にする
<ruby>燻製<rt>くんせい</rt></ruby>にする
쿤세-스루 /
쿤세-니스루

**조리다**
煮付ける
<ruby>煮付<rt>につ</rt></ruby>ける
니츠케루

**(재료를)손질하다,
미리 준비하다**
下ごしらえする
<ruby>下<rt>した</rt></ruby>ごしらえする
시타고시라에스루

**물기를 빼다**
水気を切る
<ruby>水気<rt>みずけ</rt></ruby>を<ruby>切<rt>き</rt></ruby>る
미즈케오키루

**(물 등에)담그다**
ひたす
히타스

**껍질을 벗기다**
皮をむく
<ruby>皮<rt>かわ</rt></ruby>をむく
카와오무쿠

**다지다**
みじん切りにする
みじん<ruby>切<rt>ぎ</rt></ruby>りにする
미징기리니스루

**맛보다**
味見をする
<ruby>味見<rt>あじみ</rt></ruby>をする
아지미오스루

시금치를 먼저 데친 다음 나물로 무쳐 먹습니다.

ほうれん草をまずゆがいてから、おひたしにして食べます。
ほうれん<ruby>草<rt>そう</rt></ruby>をまずゆがいてから、おひたしにして<ruby>食<rt>た</rt></ruby>べます。
호-렌소-오 마즈 유가이테카라 오히타시니시테 타베마스

57

**한국 음식** 💬

**김밥**
キンパプ
킴파푸

**김치볶음밥**
キムチチャーハン
키무치챠-한

**돌솥비빔밥**
石焼きビビンバ
이시야키비빔바

**갈비탕**
カルビタン
카루비탕

**잡채**
チャプチェ
챠푸체

**떡볶이**
トッポッキ
톱폭키

**순두부찌개**
スンドゥブチゲ
순두부치게

**김치찌개**
キムチチゲ
키무치치게

**삼계탕**
サムゲタン
사무게탕

**불고기**
プルコギ
푸르코기

**된장찌개**
テンジャンチゲ /
みそ鍋
텐쟝치게 / 미소나베

**갈비찜**
カルビチム
카루비치무

여름에는 삼계탕 같은 보양식을 자주 먹습니다.
夏にはサムゲタンのようなスタミナ料理を良く食べます。
나츠니와 사무게탕노 요-나 스타미나료-리오 요쿠 타베마스

# 韓国料理

**닭갈비**

タッカルビ

탁카루비

**부침개**

チヂミ

치지미

**양념치킨**

ヤンニョムチキン

얀뇨무치킨

**족발**

豚足 / チョッパル

톤소쿠 / 쫍파루

**간장게장**

カンジャンケジャン

칸쟝케쟝

**감자탕**

カムジャタン

카무쟈탕

**냉면**

冷麺

레-멘

**부대찌개**

プデチゲ

푸데치게

**설렁탕**

ソルロンタン

소루론탕

**삼겹살**

サムギョプサル

사무교푸사루

**칼국수**

カルグクス

카루구쿠스

**빈대떡**

ビンデトッ

빈데톡

삼겹살 2인분이랑 갈비 1인분 주세요.

サムギョプサル二人前とカルビ一人前ください。

사무교푸사루 니님마에토 카루비 이치님마에 쿠다사이

**일식**
わしょく
和食
와쇼쿠

**생선회**
さしみ
刺身
사시미

**생선초밥**
すし
寿司
스시

**일본 코스요리**
かいせきりょうり
懐石料理
카이세키료-리

**오차즈케**
ちゃ ず
お茶漬け
오챠즈케

**볶음면**
や
焼きそば
야키소바

**튀김덮밥**
てんどん
天丼
텐돈

**전골**
や
すき焼き
스키야키

**오세치요리**
**(정월에 먹는 음식)**
せち りょうり
お節料理
오세치료-리

**우동**
うどん
우동

**샤브샤브**
しゃぶしゃぶ
샤부샤부

**메밀국수**
そ ば
蕎麦
소바

슈퍼에서 반값에 팔고 있는 생선회를 사 왔습니다
はん がく　　　　　　さし み　 か
スーパーで半額になってる刺身を買ってきました。
스-파-데 항가쿠니 낫테루 사시미오 캇테키마시타

60

**일본식 라면**
ラーメン
라-멘

**낫또, 일본 청국장**
なっ とう
納豆
낫토-

**오코노미야키**
この や
お好み焼き
오코노미야키

**돈가스 덮밥**
どん
カツ丼
카츠돈

**튀김**
てん
天ぷら
템푸라

**소고기 덮밥**
ぎゅうどん
牛丼
규-돈

**된장국**
み そ しる
味噌汁
미소시루

**타코야끼**
や
たこ焼き
타코야키

**닭고기와 달걀이
들어간 덮밥**
おや こ どん
親子丼
오야코돈

**주먹밥**
おにぎり
오니기리

**카레**
カレー
카레-

**매실 절임**
うめ ぼ
梅干し
우메보시

오늘 점심은 낫토 정식입니다.
きょう　　ひる ご はん　なっ とう　ていしょく
今日の昼御飯は納豆の定食です。
쿄-노 히루고항와 낫토-노 테-쇼쿠데스

한복(한국전통의상)
ハンボク
함보쿠

기모노(일본전통의상)
着物
키모노

정장
スーツ / 背広
스-츠 / 세비로

드레스
ドレス
도레스

턱시도
タキシード
탁시-도

재킷
ジャケット
쟈켓토

청재킷
ジージャン
지-쟌

원피스
ワンピース
왐피-스

와이셔츠
ワイシャツ
와이샤츠

조끼
ベスト
베스토

바지
ズボン
즈본

반바지
半ズボン
한즈본

원피스를 입어보지도 않고 사버렸어.

ワンピースを試着せずに買ってしまった。

왐피-스오 시챠쿠 세즈니 캇테시맛타

**청바지**

ジーパン
지-판

**짧은 바지**

短パン
탐판

**멜빵바지**

サロペット /
オーバーオール
사로펫토 /
오-바-오-루

**블라우스**

ブラウス
부라우스

**치마**

スカート
스카-토

**미니스커트**

ミニスカート
미니스카-토

**롱스커트**

ロングスカート
롱구스카-토

**주름치마**

ギャザースカート
갸자-스카-토

**티셔츠**

Tシャツ
티샤츠

**민소매**

袖なし
소데나시

**스웨터**

セーター
세-타-

**코트**

コート
코-토

이 꽃무늬 블라우스에는 어떤 치마가 어울려요?

## この花柄のブラウスにはどんなスカートが似合いますか。

코노 하나가라노 부라우스니와 돈나 스카-토가 니아이마스카

**트렌치코트**
トレンチコート
토렌치코-토

**다운재킷**
ダウンジャケット
다운쟈켓토

**모피코트**
毛皮のコート
케가와노코-토

**점퍼**
ジャンパー
잠파-

**카디건**
カーディガン
카-디간

**터틀넥스웨터**
タートルネック
セーター
타-토루넥쿠세-타-

**운동복**
トレーナー /
スポーツウェア
토레-나- / 스포-츠웨아

**비옷**
雨具 /
レインコート
아마구 / 레잉코-토

**평상복**
普段着
후당기

**제복**
制服
세-후쿠

**여자교복 / 세일러복**
セーラー服
세-라-후쿠

**상의**
上着
우와기

---

모처럼 예쁜 트렌치코트 샀는데 감기로 계속 못 입었어요.

せっかく可愛いトレンチコートを買ったのに風邪でずっと着れなか
ったんです。

섹카쿠 카와이- 토렌치코-토오 캇타노니 카제데 즛토 키레나캇탄데스

**탱크톱**
タンクトップ
탕쿠톱푸

**수영복**
水着
미즈기

**속옷**
下着
시타기

**슬립**
スリップ
스립푸

**러닝**
ランニング
란닝구

**브래지어**
ブラジャー
부라쟈-

**팬티**
パンティー
판티-

**옷깃**
襟
에리

**소매**
袖
소데

**단추**
ボタン
보탄

**지퍼**
ジッパー /
ファスナー /
チャック
집파- / 화스나- / 챡쿠

**호주머니**
ポケット
포켓토

수영복을 인터넷으로 구입했는데 마음에 들지 않아 반품했어요.

水着をネットで購入しましたが、気に入らなかったので返品しました。
미즈기오 넷토데 코-뉴-시마시타가 키니이라나캇타노데 헴핑시마시타

**구두, 신발**

くつ
靴

쿠츠

**부츠**

ブーツ

부-츠

**운동화**

うんどうぐつ
運動靴 /
スポーツシューズ

운도-구츠 /
스포-츠슈-즈

**하이힐**

ヒール

히-루

**로퍼**

ローファー

로-화-

**등산화**

とざんぐつ
登山靴

토장구츠

**스니커즈**

スニーカー

스니-카-

**일본나막신**

げ た
下駄

게타

**샌들**

サンダル

산다루

**군화**

ぐん か
軍靴

궁카

**실내화**

うわ ば
上履き

우와바키

**뮬**

ミュール

뮤-루

여름밤에 남자친구와 커플 샌들을 신고 산책을 했어요.

なつ よる かれ し                                  さん ぽ
夏の夜に彼氏とカップルサンダルをはいて散歩をしました。

나츠노 요루니 카레시토 캅푸루 산다루오 하이테 삼포오 시마시타

**옥스퍼드화**

オックスフォード
シューズ

옥쿠스훠-도슈-즈

**슬리퍼**

スリッパ

스립파

**웰링턴 부츠**

ウェリントンブーツ

웨린톰부-츠

**발레슈즈**

トウシューズ

토-슈-즈

**레인부츠**

雨靴 /
（あまぐつ）
レインシューズ

아마구츠 / 레인슈-즈

**승마부츠**

乗馬ブーツ
（じょう ば）

죠-바부-츠

**농구화**

バスケットシューズ

바스켓토슈-즈

**축구화**

サッカーシューズ

삭카-슈-즈

**구두약**

靴墨
（くつずみ）

쿠츠즈미

**구두끈**

靴ひも
（くつ）

쿠츠히모

**구둣주걱**

靴べら
（くつ）

쿠츠베라

**구둣솔**

シューブラシ

슈-부라시

장마철이 되면 새 레인슈즈가 갖고 싶어집니다.

梅雨になると新しいレインシューズが欲しくなります。
（つ ゆ）（あたら）（ほ）

츠유니 나루토 아타라시- 레인슈-즈가 호시쿠나리마스

**넥타이**
ネクタイ
네쿠타이

**모자**
帽子
보ー시

**장갑**
手袋
테부쿠로

**손목시계**
腕時計
우데도케ー

**양말**
靴下
쿠츠시타

**스타킹**
ストッキング
스톡킹구

**손수건**
ハンカチ
항카치

**스카프**
スカーフ
스카ー후

**머플러**
マフラー
마후라ー

**숄**
ショール
쇼ー루

**벨트**
ベルト
베루토

**가방**
鞄
카방

오늘은 햇볕이 뜨거우니 모자를 써야해.
今日は日差しが強いから帽子をかぶりなさい。
쿄ー와 히자시가 츠요이카라 보ー시오 카부리나사이

68

# 雑貨、アクセサリー

**지갑**
財布
사이후

**선글라스**
サングラス
상구라스

**안경**
眼鏡
메가네

**콘택트렌즈**
コンタクトレンズ
콘타쿠토렌즈

**우산**
傘
카사

**양산**
日傘
히가사

**반지**
指輪
유비와

**목걸이**
ネックレス
넥쿠레스

**팔찌**
腕輪
/ ブレスレット
우데와 / 부레스렛토

**귀고리**
イヤリング
이야링구

**브로치**
ブローチ
부로ー치

**머리핀**
ヘアピン
헤아핀

콘택트렌즈를 끼기 전에는 손을 확실히 씻어주세요.

コンタクトレンズを付ける前にはしっかりと手を洗ってください。

콘타쿠토렌즈오 츠케루 마에니와 식카리토 테오 아랏테쿠다사이

**스킨, 화장수**
化粧水
케쇼-스이

**로션**
乳液
뉴-에키

**에센스**
美容液
비요-에키

**보습크림**
保湿クリーム
호시츠쿠리-무

**아이크림**
アイクリーム
아이쿠리-무

**마사지 크림**
マッサージクリーム
맛사-지쿠리-무

**팩**
パック
팍쿠

**선크림**
日焼け止め
히야케도메

**메이크업베이스**
メーキャップベース
메-캬푸베-스

**파운데이션**
ファンデーション
환데-숀

**파우더**
パウダー
파우다-

**아이브로**
アイブロー
아이부로-

선크림은 피부노화방지 효과가 있습니다.
日焼け止は皮膚老化防止の効果があります。
히야케도메와 히후로-카보-시노 코-카가 아리마스

**아이섀도우**

アイシャドウ

아이샤도-

**마스카라**

マスカラ

마스카라

**속눈썹 집게, 뷰러**

アイラッシュカーラー

아이랏슈카-라-

**립스틱**

<ruby>口<rt>くち</rt></ruby><ruby>紅<rt>べに</rt></ruby>

쿠치베니

**립글로스**

リップグロス

립푸구로스

**볼터치**

チーク

치-쿠

**메이크업 브러시**

メイクブラシ

메이쿠부라시

**세안제**

<ruby>洗<rt>せん</rt></ruby><ruby>顔<rt>がん</rt></ruby><ruby>剤<rt>ざい</rt></ruby>

셍간자이

**클렌징**

クレンジング

쿠렌징구

**매니큐어**

マニキュア

마니큐아

**향수**

<ruby>香<rt>こう</rt></ruby><ruby>水<rt>すい</rt></ruby>

코-스이

**기름종이**

<ruby>油<rt>あぶら</rt></ruby>とり<ruby>紙<rt>がみ</rt></ruby>

아부라토리가미

하나코에게 향수 선물을 하고싶은데 어떤 브랜드가 좋을까?

<ruby>花<rt>はな</rt></ruby><ruby>子<rt>こ</rt></ruby>に<ruby>香<rt>こう</rt></ruby><ruby>水<rt>すい</rt></ruby>のプレゼントをしたいんだけど、どんなブランドがいい

かな。

하나코니 코-스이노 푸레젠토오 시타인다케도 돈나 부란도가이-카나

**피부**
はだ ひ ふ
お肌, 皮膚
오하다, 히후

**건성피부**
かんそうはだ
乾燥肌
칸소-하다

**중성피부**
ふ つうはだ
普通肌
후츠-하다

**지성피부**
あぶらしょうはだ
脂性肌,
はだ
オイリー肌
아부라쇼-하다,
오이리-하다

**복합성피부**
こんごうはだ
混合肌
콩고-하다

**민감성피부**
びんかんはだ
敏感肌
빙캉하다

**주근깨**
そばかす
소바카스

**여드름**
にきび
니키비

**여드름자국**
あと
にきび跡
니키비아토

**아토피**
アトピー
아토피-

**다크서클**
クマ
쿠마

**기미**
しみ
시미

피부가 좋은 사람은 나이에 비해 어려보입니다.
はだ ひと とし わか み
お肌がきれいな人は年より若く見えます。
오하다가 키레-나 히토와 토시요리 와카쿠미에마스

# お肌/皮膚

**뽀루지**
吹き出物
후키데모노

**주름**
しわ
시와

**점**
ほくろ
호쿠로

**피부트러블**
肌のトラブル
하다노토라부루

**피지**
皮脂
히시

**T존**
Tゾーン
티-조-온

**맨얼굴**
素顔
스가오

**촉촉한 피부**
しっとり肌
싯토리하다

**매끈매끈한 피부**
すべすべ肌
스베스베하다

**거친 피부**
かさかさ肌
카사카사하다

**~을 짜다**
つぶす
쯔부스

**마사지**
マッサージ
맛사-지

나이가 들면 웃기만 해도 주름이 늘어납니다.

年を取ると笑うだけでしわが増えます。
토시오 토루토 와라우다케데 시와가 후에마스

73

**머리카락**
髪, 髪の毛
카미, 카미노케

**머리모양**
髪型 / ヘアスタイル
카미가타 / 헤아스타이루

**헤어 카탈로그**
ヘアカタログ
헤아카타로구

**펌**
パーマ
파-마

**파마가 풀리다**
パーマがとれる
파-마가토레루

**스트레이트**
ストレート
스토레-토

**커트**
カット
캇토

**머리를 다듬다**
髪を整える
카미오토토노에루

**층을 낸 커트**
グラデーション
カット
구라데-숑캇토

**염색하다**
染める
소메루

**브리치**
ブリーチ
부리-치

**대머리**
禿げ頭
하게아타마

어떤 헤어스타일로 해드릴까요?

どんなヘアスタイルにいたしましょうか。
돈나 헤아스타이루니 이타시마쇼-카

**단발머리**
おかっぱ
오캅파

**곱슬머리**
縮れ毛 / くせ毛
ちぢ げ
치지레게 / 쿠세게

**포니테일 머리**
ポニーテール
포니-테-루

**땋은 머리**
編み髪
あ かみ
아미카미

**가르마**
分け目
わ め
와케메

**차분한 머리카락**
猫っ毛
ねこ け
네콕케

**앞머리**
前髪
まえがみ
마에가미

**흰머리**
白髪
しらが
시라가

**탈모**
抜け毛
ぬ げ
누케게

**숱이 적은 머리**
薄毛
うすげ
우스게

**머리카락이 뻣뻣
하다**
髪が固い
かみ かた
카미가카타이

**비듬이 떨어지다**
フケが落ちる
お
후케가오치루

이 잡지 모델처럼 염색해주세요.
この雑誌のモデルさんのように髪を染めてください。
ざっし　　　　　　　　　　　　　　　かみ　そ
코노 잣시노 모데루상노요―니 카미오 소메테구타사이

# Part

# 02

## 우리 몸과 생활

**회사원**
会社員
かいしゃいん
카이샤인

**사무원**
事務員
じむいん
지무인

**직장인**
サラリーマン
사라리-만

**비서**
秘書
ひしょ
히쇼

**세일즈맨**
セールスマン
세-루스만

**판매원**
販売員
はんばいいん
함바이인

**변리사**
弁理士
べんりし
벤리시

**세무사**
税務士
ぜいむし
제-무시

**회계사**
会計士
かいけいし
카이케-시

**공무원**
公務員
こうむいん
코-무인

**사업가(실업가)**
事業家 / 実業家
じぎょうか / じつぎょうか
지교-카 / 지츠교-카

**경영자**
経営者
けいえいしゃ
케-에-샤

---

졸업하면 회계사가 될 생각이지만 적성에는 안 맞는 것 같습니다.

卒業したら会計士になるつもりですが、適性には合わないと思
そつぎょう　　　かいけいし　　　　　　　　　　　てきせい　　　あ　　　　　　おも

います。

소츠교-시타라 카이케-시니 나루츠모리데스가 테키세-니와 아와나이토 오모이마스

**환경미화원**
せいそう さ ぎょういん
清掃作業員
세-소-사교-인

**경비원**
けい び いん
警備員
케-비인

**은행원**
ぎんこういん
銀行員
깅코-인

**소방관**
しょうぼう し
消防士
쇼-보-시

**경찰관**
けいさつかん
警察官
케-사츠칸

**형사**
けいじ
刑事
케-지

**순경**
まわ
お巡りさん
오마와리상

**변호사**
べんご し
弁護士
벵고시

**검사**
けん じ
検事
켄지

**판사**
はん じ
判事
한지

**교도관**
かんしゅ
看守
칸슈

**탐정**
たんてい
探偵
탄테-

어렸을 때 꿈은 변호사였는데 지금은 취직하는 것이 꿈이다.
こども　　ころ　ゆめ　べんご し　　　　　　いま　しゅうしょく　　　　　ゆめ
子供の頃の夢は弁護士だったが、今は就職するのが夢です。
코토모노코로노 유메와 벵고시닷타가 이마와 슈-쇼쿠스루노가 유메데스

**기자**
き しゃ
記者
키샤

**아나운서**
アナウンサー
아나운사-

**사진작가**
しゃ しん さっ か
写真作家
샤싱삭카

**모델**
モデル
모데루

**연예인**
けいのうじん
芸能人
게-노-진

**남자배우**
はい ゆう　　だんゆう
俳優 / 男優
하이유- / 당유-

**여자배우**
じょ ゆう
女優
죠유-

**성우**
せいゆう
声優
세-유-

**감독**
かん とく
監督
칸토쿠

**희극배우, 코미디언**
コメディアン
코메디안

**가수**
か しゅ
歌手
카슈

**작곡가**
さっきょく か
作曲家
삭쿄쿠카

퇴직하면 사진작가가 되고 싶어요.
たいしょく　　　　しゃ しん さっ か
退職したら写真作家になりたいんです。
타이쇼쿠시타라 샤신삭카니 나리타인데스

**음악가**
音楽家
おんがくか
옹가쿠카

**지휘자**
指揮者
しきしゃ
시키샤

**피아니스트**
ピアニスト
피아니스토

**작가**
作家
さっか
삭카

**소설가**
小説家
しょうせつか
쇼-세츠카

**시인**
詩人
しじん
시진

**화가**
画家
がか
가카

**조각가**
彫刻家
ちょうこくか
쵸-코쿠카

**마술사**
魔術師 /
まじゅつし
マジシャン
마쥬츠시 / 마지샨

**비평가**
批評家
ひひょうか
히효-카

**평론가**
評論家
ひょうろんか
효-롱카

**만화가**
漫画家
まんがか
망가카

그는 세계적으로 유명한 소설가입니다.
彼は世界的に有名な小説家です。
かれ　せ かいてき　ゆうめい　しょうせつ か
카레와 세카이테키니 유-메-나 쇼-세츠카데스

**교수**
きょうじゅ
教授
쿄-쥬

**강사**
こうし
講師
코-시

**교장**
こうちょう
校長
코-쬬-

**교사 / 선생**
きょうし　せんせい
教師 / 先生
쿄-시 / 센세-

**강연자**
こうえんしゃ
講演者
코-엔샤

**학생**
がくせい
学生
각세-

**과학자**
か がくしゃ
科学者
카가쿠샤

**물리학자**
ぶつり がくしゃ
物理学者
부츠리가쿠샤

**화학자**
か がくしゃ
化学者
카가쿠샤

**통역사**
つう やくしゃ
通訳者
츠-야쿠샤

**번역가**
ほん やくしゃ
翻訳者
홍야쿠샤

**가이드**
ガイド
가이도

제 꿈은 과학자가 되는 것입니다.
わたし　ゆめ　か がくしゃ
**私の夢は科学者になることです。**
와타시노 유메와 카가쿠샤니 나루코토데스

**편집자**
編集者
へんしゅうしゃ
헨슈-샤

**연구원**
研究員
けんきゅういん
켄큐-인

**디자이너**
デザイナー
데자이나-

**건축가**
建築家
けんちくか
켄치쿠카

**배관공**
配管工
はいかんこう
하이캉코-

**목수**
大工
だいく
다이쿠

**엔지니어, 기술자**
エンジニア, 技師
ぎし
엔지니아, 기시

**우편집배원**
郵便配達員 /
ゆうびんはいたついん
ポストマン
유-빙하이타츠인 /
포스토만

**운전기사**
運転手
うんてんしゅ
운텐슈

**택시운전사**
タクシードライバー
타쿠시-도라이바-

**카레이서**
カーレーサー
카-레-사-

**프로그래머**
プログラマー
푸로그라마-

그녀의 꿈은 런던에서 유학하고 디자이너가 되는 것입니다.

かのじょ ゆめ りゅうがく
彼女の夢はロンドンに留学してデザイナーになることです。

카노죠노 유메와 론돈니 류가쿠시테 데자이나-니 나루코토데스

83

**목사**
ぼく し
牧師
복시

**신부**
しんぷ
神父
심푸

**수녀**
しゅうじょ
修女
슈−죠

**성직자**
せいしょくしゃ
聖職者
세−쇼쿠샤

**스님**
ぼう
お坊さん
오보−상

**대통령**
だい とうりょう
大統領
다이토−료−

**총리**
そう り
総理
소−리

**군인**
ぐんじん
軍人
군진

**정치인**
せい じ か
政治家
세−지카

**국회의원**
こっかい ぎ いん
国会議員
콕카이기인

**외교관**
がいこうかん
外交官
가이코−칸

**의사**
い しゃ
医者
이샤

의사를 목표로 노력 할 것입니다.
い しゃ  め ざ   がん ば
医者を目指して頑張ります。
이샤오 메자시테 감바리마스

**수의사**
じゅう い し
獣医師
쥬-이시

**한의사**
かんぽう い
漢方医
캄포-이

**외과의사**
げ か い
外科医
게카이

**내과의사**
ない か い
内科医
나이카이

**치과의사**
は い しゃ
歯医者
하이샤

**정신과의사**
せいしん か い
精神科医
세-신카이

**방사선기사**
ほうしゃせん ぎ し
放射線技師
ぎ し
/ レントゲン技師
호-샤셍기시 / 렌토겡기시

**간호사**
かん ご ふ
看護婦
캉고후

**약사**
やくざい し
薬剤師
야쿠자이시

**치과 기공사**
し か ぎ こう し
歯科技工士
시카기코-시

**심리 상담사**
しんり
心理カウンセラー
신리카운세라-

**사회 복지사**
しゃかいふく し し
社会福祉士
샤카이후쿠시시

실례지만 직업이 무엇입니까? 사회 복지사입니다.
しつれい　　　　　　 し ごと　　なん　　　　　しゃかいふく し し
**失礼ですが、お仕事は何ですか。社会福祉士です。**
시츠레-데스가 오시고토와 난데스카 샤카이후쿠시시데스

85

**주부**
主婦
しゅ ふ
슈후

**가사도우미**
お手伝いさん
てつだ
오테츠다이산

**베이비시터**
ベビーシッター
베비-싯타-

**요리사**
コック
콕쿠

**주방장**
シェフ
셰후

**영양사**
栄養士
えいよう し
에-요-시

**파티쉐, 제빵사**
パティシエ
파티시에

**농부**
農夫
のう ふ
노-후

**어부**
漁師 / 漁夫
りょう し　ぎょ ふ
료-시 / 교후

**광부**
鉱夫
こうふ
코-후

**조종사, 파일럿**
パイロット
파이롯토

**스튜어디스
(여자 승무원)**
スチュワーデス
스츄와-데스

---

그녀는 베이비시터에 적임자 입니다.
**彼女はベビーシッターに適任の人です。**
かのじょ　　　　　　　　　　　　　てきにん　ひと
카노죠와 베비-싯타-니 테키닌노 히토데스

**스튜어드**
**(남자 승무원)**
うちゅう ひ こう し
宇宙飛行士
スチュワード
스츄와ー도

**우주비행사**
うちゅう ひ こう し
宇宙飛行士
우쮸ー히코ー시

**항해사**
こう かい し
航海士
코ー카이시

**운동선수**
うん どう せん しゅ
運動選手
운도ー센슈

**미용사**
び よう し
美容師
비요ー시

**이발사**
り はつ し
理髪師
리하츠시

**정원사**
にわし
庭師 / ガーデナー
니와시 / 가ー데나ー

**조경사**
ぞう えん し
造園士
조ー엔시

**조련사**
ちょうきょう し
調教師
쵸ー쿄ー시

**잠수부**
せん すい し
潜水士
센ー스이시

**호텔 지배인**
し はい にん
ホテルの支配人
호테루노시하이닌

**검안사**
けん がん し
検眼士
켄간시

그는 이 호텔의 지배인으로서 인정받고 있습니다.
かれ　　　　　　　　　　　　し はい にん　　　　みと
彼はこのホテルの支配人として認められています。
카레와 코노 호테루노시하이닌토시테 미토메라레테이마스

**성실하다**
真面目だ
<ruby>真面目<rt>まじめ</rt></ruby>
마지메다

**수다스럽다**
おしゃべりだ
오샤베리다

**수줍어하다**
恥ずかしがる
<ruby>恥<rt>は</rt></ruby>ずかしがる
하즈카시가루

**참을성이 있다**
忍耐力がある
<ruby>忍耐力<rt>にんたいりょく</rt></ruby>がある
닌타이료쿠가아루

**친절하다**
親切だ
<ruby>親切<rt>しんせつ</rt></ruby>だ
신세츠다

**정직하다**
正直だ
<ruby>正直<rt>しょうじき</rt></ruby>だ
쇼-지키다

**상냥하다**
優しい
<ruby>優<rt>やさ</rt></ruby>しい
야사시-

**영리하다 / 현명하다**
賢い
<ruby>賢<rt>かしこ</rt></ruby>い
카시코이

**어리석다**
愚かだ
<ruby>愚<rt>おろ</rt></ruby>かだ
오로카다

**평범하다**
平凡だ
<ruby>平凡<rt>へいぼん</rt></ruby>だ
헤-본다

**얌전하다 / 점잖다**
おとなしい
오토나시이

**섬세하다**
繊細だ
<ruby>繊細<rt>せんさい</rt></ruby>だ
센사이다

---

그녀는 저보다 성실합니다.
彼女は私より真面目です。
<ruby>彼女<rt>かのじょ</rt></ruby>は<ruby>私<rt>わたし</rt></ruby>より<ruby>真面目<rt>まじめ</rt></ruby>です。
카노죠와 와타시 요리 마지메데스

**제멋대로 굴다**
わがままだ
와가마마다

**거만하다 / 오만하다**
傲慢だ
(ごう まん)
고-만다

**적극적이다**
積極的だ
(せっきょくてき)
셋쿄쿠테키다

**겁이 많다**
臆病だ
(おくびょう)
오쿠뵤-다

**신중하다**
慎重だ
(しんちょう)
신쵸-다

**덜렁대다**
そそっかしい
소속카시-

**게으르다**
怠けだ
(なま)
나마케다

**성급하다**
気が短い
(き) (みじか)
키가미지카이

**잔인하다**
残忍だ
(ざんにん)
잔닌다

**건방지다**
生意気だ
(なまいき)
나마이키다

**어른스럽다**
大人しい
(おとな)
오토나시-

**뻔뻔스럽다**
ずうずうしい
즈-즈-시-

그는 겁쟁이라기보다는 내성적이다
彼は臆病というより内気である。
(かれ) (おくびょう) (うち き)
카레와 오쿠뵤-토 이우요리 우치키데아루

| 행복하다 | 슬프다 | 지치다 | 화내다 |
|---|---|---|---|
| しあわ<br>幸せだ | かな<br>悲しい | つか<br>疲れる | おこ<br>怒る |
| 시아와세다 | 카나시- | 츠카레루 | 오코루 |

| 부끄럽다 | 놀라다 | 기쁘다 | 재미있다 |
|---|---|---|---|
| は<br>恥ずかしい | おどろ<br>驚く | うれ<br>嬉しい | おもしろい |
| 하즈카시- | 오도로쿠 | 우레시- | 오모시로이 |

| 즐겁다 | 부럽다 | 실망하다 | 당황하다 |
|---|---|---|---|
| たの<br>楽しい | うらやましい | がっかりする | あわ<br>慌てる |
| 타노시- | 우라야마시- | 각카리스루 | 아와테루 |

저는 행복한 삶을 살았습니다.

わたし　しあわ　じんせい　す<br>私は幸せな人生を過ごしました。

와타시와 시아와세나 진세-오 스고시마시타

**쓸쓸하다**
さび
寂しい
사비시-

**억울하다, 분하다**
くや
悔しい
쿠야시-

**무섭다**
こわ
怖い
코와이

**불안하다**
ふ あん
不安だ
후안다

**반하다**
ほ
惚れる
호레루

**무리다**
む り
無理だ
무리다

**불쾌하다**
ふ ゆ かい
不愉快だ
후유카이다

**짜증나다**
ムカつく
무카츠쿠

**재미없다**
つまらない
츠마라나이

**귀찮다**
めん ど
面倒くさい
멘독사이

**지루하다**
たいくつ
退屈だ
타이쿠츠다

**미워하다**
にく
憎む
니쿠무

과학수업은 이해가 가지 않아 지루합니다.
か がく    じゅぎょう    り かい              たいくつ
科学の授業は理解できないので退屈です。
카가쿠노 쥬교-와 리카이 데키나이노데 타이쿠츠데스

**유치원**
ようちえん
幼稚園
요-치엔

**초등학교**
しょうがっこう
小学校
쇼-각코-

**중학교**
ちゅうがっこう
中学校
츄-각코-

**고등학교**
こうこう
高校
코-코-

**대학교**
だいがく
大学
다이가쿠

**전문대학**
たんきだいがく
短期大学
탄키다이가쿠

**대학원**
だいがくいん
大学院
다이가쿠인

**운동장**
うんどうじょう
運動場
운도-죠-

**보건실**
ほけんしつ
保健室
호켄시츠

**강당**
こうどう
講堂
코-도-

**기숙사**
りょう
療
료-

**강의실**
こうぎしつ
講義室
코-기시츠

중학교와 고등학교 수업에서 서예를 배웠습니다.
ちゅうがっこう　こうこう　じゅぎょう　しょどう　まな
中学校と高校の授業で書道を学びました。
츄-각코-토 코-코-노 쥬교-데 쇼도-오 마나비마시타

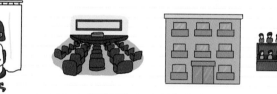

**교실**
教室 <sup>きょうしつ</sup>
쿄-시츠

**수업**
授業 <sup>じゅぎょう</sup>
쥬교-

**교과서**
教科書 <sup>きょうかしょ</sup>
쿄-카쇼

**시험**
試験 <sup>しけん</sup>
시켄

**숙제**
宿題 <sup>しゅくだい</sup>
슈쿠다이

**장학금**
奨学金 <sup>しょうがくきん</sup>
쇼-가쿠킹

**성적표**
成績表 <sup>せいせきひょう</sup>
세-세키효-

**입학식**
入学式 <sup>にゅうがくしき</sup>
뉴-가쿠시키

**졸업식**
卒業式 <sup>そつぎょうしき</sup>
소츠교-시키

**담임**
担任 <sup>たんにん</sup>
탄닝

**매점**
売店 <sup>ばいてん</sup>
바이텡

**반 친구**
クラスメート
쿠라스메-토

그녀는 장학금을 받기 위해 노력했어요.
彼女 <sup>かのじょ</sup>は奨学金 <sup>しょうがくきん</sup>をもらうために努力 <sup>どりょく</sup>しました。
카노죠와 쇼-가쿠킹오 모라우 타메니 도료쿠시마시타

| 수학 | 역사 | 과학 | 문학 |
|---|---|---|---|
| すうがく | れきし | かがく | ぶんがく |
| 数学 | 歴史 | 科学 | 文学 |
| 스-가쿠 | 렉시 | 카가쿠 | 붕가쿠 |

| 지구과학 | 철학 | 지리 | 해부학 |
|---|---|---|---|
| ちがく | てつがく | ちり | かいぼうがく |
| 地学 | 哲学 | 地理 | 解剖学 |
| 치가쿠 | 테츠가쿠 | 치리 | 카이보-가쿠 |

| 심리학 | 생물학 | 천문학 | 미술 |
|---|---|---|---|
| しんりがく | せいぶつがく | てんもんがく | びじゅつ |
| 心理学 | 生物学 | 天文学 | 美術 |
| 신리가쿠 | 세-부츠가쿠 | 템몽가쿠 | 비쥬츠 |

우리는 세계의 역사에 대해 이야기 했습니다.

わたし せかい れきし はな あ
私たちは世界の歴史について話し合いました。

와타시타치와 세카이노 렉시니츠이테 하나시아이마시타

94

**기하학**
幾何学（き か がく）
키카가쿠

**물리학**
物理学（ぶつ り がく）
부츠리가쿠

**윤리학**
倫理学（りん り がく）
린리가쿠

**교육학**
教育学（きょういく がく）
코ー이쿠가쿠

**경제학**
経済学（けいざい がく）
케ー자이가쿠

**영문학**
英文学（えいぶん がく）
에ー붕가쿠

**생태학**
生態学（せいたい がく）
세ー타이가쿠

**신학**
神学（しん がく）
싱가쿠

**공학**
工学（こう がく）
코ー가쿠

**필수과목**
必須科目（ひっ す か もく）
힛스카모쿠

**선택과목**
選択科目（せんたく か もく）
센타쿠카모쿠

**교양과목**
教養科目（きょうよう か もく）
코ー요ー카모쿠

대학에서 인간공학을 전공했습니다.
大学（だい がく）で人間工学（にんげん こう がく）を専攻（せん こう）しました。
다이가쿠데 닝겐코ー가쿠오 셍코ー시마시타

**연필**
えんぴつ
鉛筆
엠피츠

**지우개**
けし
消ゴム
케시고무

**노트**
ノート
노-토

**볼펜**
ボールペン
보-루펜

**샤프**
シャープペン
샤-푸펜

**만년필**
まんねんひつ
万年筆
만넹히츠

**펜촉**
さき
ペン先
펜사키

**잉크**
インク
잉쿠

**수첩**
て ちょう
手帳
테쵸-

**붓**
ふで
筆
후데

**물감**
え  ぐ
絵の具
에노구

**먹**
すみ
墨
스미

저는 그녀의 전화번호를 수첩에 적었습니다.
ぼく  かのじょ  でん わ ばんごう  て ちょう  か  つ
僕は彼女の電話番号を手帳に書き付けました。
보쿠와 카노죠노 뎅와방고-오 테쵸-니 카키츠케마시타

**크레파스**
クレヨン
쿠레욘

**수정액**
修正液
しゅうせいえき
슈-세-에키

**가위**
挟み
はさ
하사미

**포스트잇**
ポストイット
포스토잇토

**풀**
糊
のり
노리

**스테이플러**
ホッチキス
홋치키스

**스테이플러 심**
ホッチキスの針
はり
홋치키스노하리

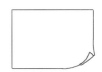

**종이**
紙
かみ
카미

**필통**
筆箱
ふでばこ
후데바코

**고무줄**
ゴムバンド
고무반도

**압정**
画びょう
が
가뵤-

**자석**
磁石
じしゃく
지샤쿠

저는 이 필통을 5년 전부터 사용하고 있습니다.

私はこの筆箱を五年前から使っています。
わたし　　　　ふでばこ　ご ねんまえ　　つか

와타시와 코노 후데바코오 고넴마에카라 츠캇테이마스

**아코디언**
アコーディオン
아코-디온

**신시사이저**
シンセサイザ
신세사이자

**오르간**
オルガン
오루간

**피아노**
ピアノ
피아노

**콘트라베이스**
コントラバス
콘토라바스

**첼로**
チェロ
체로

**기타**
ギター
기타-

**하프**
ハープ
하-푸

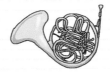

**비올라**
ビオラ
비오라

**바이올린**
バイオリン
바이오린

**호른**
ホルン
호룬

**트롬본**
トロンボーン
토롬보-온

오르간을 연주하는 사람은 누구입니까?

オルガンを演奏する人はだれですか。
오루간오 엔소-스루 히토와 다레데스카

| 트럼펫 | 튜바 | 코넷 | 클라리넷 |
|---|---|---|---|
| トランペット | チューバ | コルネット | クラリネット |
| 토람펫토 | 쥬-바 | 코루넷토 | 쿠라리넷토 |

| 플룻 | 오보에 | 피콜로 | 심벌즈 |
|---|---|---|---|
| フルート | オーボエ | ピッコロ | シンバル |
| 후루-토 | 오-보에 | 픽코로 | 심바루 |

| 드럼 | 캐스터네츠 | 트라이앵글 | 탬버린 |
|---|---|---|---|
| ドラム | カスタネット | トライアングル | タンバリン |
| 도라무 | 카스타넷토 | 토라이앙구루 | 탐바린 |

어렸을 때 아버지께서 주신 클라리넷을 지금까지도 소중히 간직하고 있답니다.

<sup>おさな</sup>い<sup>ころ ちち</sup>から もらったクラリネットを<sup>いま</sup>でも<sup>たいせつ</sup>にしてます。

幼い頃父からもらったクラリネットを今でも大切にしてます。

오사나이코로 치치카라 모랏타 쿠라리넷토오 이마데모 타이세츠니 시테마스

**알토**

アルト

아루토

**바리톤**

バリトン

바리톤

**테너**

テナー

테나ー

**베이스**

ベース

베ー스

**소프라노**

ソプラノ

소푸라노

**독창**

独唱

독쇼ー

**합창**

合唱

갓쇼ー

**클래식**

クラシック

쿠라식쿠

**헤비메탈**

ヘヴィメタル

헤비메타루

**민속음악**

フォークミュージック

휘ー쿠뮤ー직쿠

**힙합**

ヒップホップ

힙푸홉푸

**재즈**

ジャズ

쟈즈

---

저는 노래 부르는 걸 좋아해서 합창단에 들어갔습니다.

私は歌うことが好きで合唱団に入っています。

와타시와 우타우코토가 스키데 갓쇼ー단니 하잇테이마스

**레게**
レゲエ
레게-

**록**
ロック
록쿠

**발라드**
バラード
바라-도

**동요**
童謡
どう よう
도-요-

**작사**
作詞
さく し
삭시

**작곡**
作曲
さっきょく
삭쿄쿠

**지휘자**
指揮者
し き しゃ
시키샤

**애국가**
国歌
こっ か
콕카

**오페라**
オペラ
오페라

**오케스트라**
オーケストラ
오-케스토라

**현악**
弦楽
げん がく
겡가쿠

**교향곡**
交響曲, シンフォニー
こうきょうきょく
코-쿄-쿄쿠, 싱훠니-

콘서트를 위해 오케스트라 멤버들은 열심히 준비를 하고 있다.

コンサートのため、オーケストラメンバー達は熱心に準備をしている。
たち ねっしん じゅん び
콘사-토노 타메 오-케스토라 멤바-타치와 넷신니 줌비오 시테이루

**실선**
じっせん
実線
짓센

**파선**
は せん
波線
하센

**점선**
てんせん
点線
텐센

**곡선**
きょくせん
曲線
콕센

**대각선**
たい かくせん
対角線
타이칵센

**수평**
すいへい
水平
스이헤ー

**평행**
へい こう
平行
헤ー코ー

**직선**
ちょくせん
直線
쵹센

**수직**
すいちょく
垂直
스이쬬쿠

**물결 모양**
なみ がた
波形
나미가타

**지그재그**
ジグザグ
지구자구

**원**
まる
丸
마루

이쪽에 있는 점선 위에 서명해주세요.
てんせん うえ しょめい
こちらの点線の上に署名してください。
코치라노 텐센노 우에니 쇼메ー시테 쿠다사이

# 線と図形
せん ず けい

**타원형**
だえんけい
楕円形
다엥케ー

**정삼각형**
せいさん かくけい
正三角形
세ー상카쿠케ー

**삼각형**
さん かくけい
三角形
상카쿠케ー

**정사각형**
せいほうけい
正方形
세ー호ー케ー

**직사각형**
ちょうほうけい
長方形
죠ー호ー케ー

**마름모**
ひしがた
菱形
히시가타

**평행사변형**
へいこう し へんけい
平行四辺形
헤ー코ー시헹케ー

**사다리꼴**
だいけい
台形
다이케ー

**오각형**
ごかくけい
五角形
고카쿠케ー

**육각형**
ろっ かくけい
六角形
록카쿠케ー

**칠각형**
しち かくけい ／ なな かくけい
七角形 ／ 七角形
시치카쿠케ー ／ 나나카쿠케ー

**팔각형**
はっかくけい
八角形
학카쿠케ー

---

삼각형의 면적을 구해 보세요.
さん かくけい めんせき もと
三角形の面積を求めてください。
상카쿠케ー노 멘세키오 모토메테 쿠다사이

**영**
ゼロ, 零
제로, 레—

**일 / 하나**
一 / 一つ
이치 / 히토츠

**이 / 둘**
二 / 二つ
니 / 후타츠

**삼 / 셋**
三 / 三つ
산 / 밋츠

**사 / 넷**
四, 四 / 四つ
시, 욘 / 욧츠

**오 / 다섯**
五 / 五つ
고 / 이츠츠

**육 / 여섯**
六 / 六つ
로쿠 / 뭇츠

**칠 / 일곱**
七, 七 / 七つ
시치, 나나 / 나나츠

**팔 / 여덟**
八 / 八つ
하치 / 얏츠

**구 / 아홉**
九, 九 / 九つ
큐—, 쿠 / 코코노츠

**십 / 열**
十 / 十
쥬— / 토—

**이십**
二十
니쥬—

저는 17살이고 고등학교 1학년입니다.
私は十七歳で高校一年生です。
와타시와 쥬—나나사이데 코—코—이치넨세—데스

**삼십**
さんじゅう
三十
산쥬-

**사십**
よんじゅう
四十
욘쥬-

**오십**
ご じゅう
五十
고쥬-

**육십**
ろくじゅう
六十
로쿠쥬-

**칠십**
ななじゅう
七十
나나쥬-

**팔십**
はちじゅう
八十
하치쥬-

**구십**
きゅうじゅう
九十
큐-쥬-

**백**
ひゃく
百
햐쿠

**천**
せん
千
센

**만**
いちまん
一万
이치만

**억**
いち おく
一億
이치오쿠

**조**
いっちょう
一兆
잇쬬-

영어로 1억엔을 뭐라고 합니까?
えい ご　　いち おくえん　　なん　 い
英語で一億円は何と言いますか。
에-고데 이치오쿠엥와 난토 이-마스카

| | | | |
|---|---|---|---|
| **흰색**<br>しろ いろ<br>白色<br>시로이로 | **검정색**<br>くろ いろ<br>黒色<br>쿠로이로 | **회색**<br>はいいろ<br>灰色<br>하이이로 | **빨간색**<br>あかいろ<br>赤色<br>아카이로 |

| | | | |
|---|---|---|---|
| **새빨강**<br>ま か<br>真っ赤<br>막카 | **주황색 / 오렌지색**<br>だいだいいろ いろ<br>橙色 / オレンジ色<br>다이다이이로 / 오렌지이로 | **노란색**<br>き いろ<br>黄色<br>키이로 | **녹색**<br>みどりいろ<br>緑色<br>미도리이로 |

| | | | |
|---|---|---|---|
| **파란색**<br>あおいろ<br>青色<br>아오이로 | **보라색**<br>むらさきいろ<br>紫色<br>무라사키이로 | **연분홍색**<br>さくらいろ<br>桜色<br>사쿠라이로 | **청녹색**<br>あおみどりいろ<br>青緑色<br>아오미도리이로 |

좋아하는 색이 뭐예요? 난 빨간색을 좋아해요.

す いろ なん わたし あかいろ す
好きな色は何ですか。私は赤色が好きです。
스키나 이로와 난데스카 와타시와 아카이로가 스키데스

106

**다갈색**
ちゃ かっしょく
茶褐色
챠캇쇼쿠

**베이지색**
いろ
ベージュ色
베-쥬이로

**하늘색**
そらいろ
空色
소라이로

**연두색**
あさみどりいろ
浅緑色
아사미도리이로

**감청색**
こんじょういろ
紺青色
콘죠-이로

**아이보리색 / 상아색**
いろ
アイボリー色
아이보리-이로

**복숭아색**
ももいろ
桃色
모모이로

**금색**
きんいろ        いろ
金色 / ゴールド色 /
ゴールド
킹이로 / 고-루도이로 /
고-루도

**은색**
ぎんいろ        いろ
銀色 / シルバ-色 /
シルバー
깅이로 / 시루바-이로 /
시루바-

**크림색**
いろ
クリーム色
쿠리-무이로

**핑크색**
いろ
ピンク色
핑쿠이로

**황토색**
おうどいろ
黄土色
오-도이로

핑크색 원피스 너무 예뻐요.

ピンク色のワンピースがとてもきれいですね。
いろ
핑쿠이로노 왐피-스가 토테모 키레-데스네

| | | | |
|---|---|---|---|
| ❶ **머리**<br>あたま<br>頭<br>아타마 | ❷ **머리카락**<br>かみ　け<br>髪の毛<br>카미노케 | ❸ **이마**<br>ひたい<br>額<br>히타이 | ❹ **눈썹**<br>まゆ<br>眉<br>마유 |
| ❺ **눈**<br>め<br>目<br>메 | ❻ **눈동자**<br>ひとみ<br>瞳<br>히토미 | ❼ **눈꺼풀**<br>まぶた<br>目蓋<br>마부타 | ❽ **코**<br>はな<br>鼻<br>하나 |
| ❾ **콧구멍**<br>びこう<br>鼻孔<br>비코- | ❿ **입**<br>くち<br>口<br>쿠치 | ⓫ **입술**<br>くちびる<br>唇<br>쿠치비루 | ⓬ **턱**<br>あご<br>顎<br>아고 |
| ⓭ **귀**<br>みみ<br>耳<br>미미 | ⓮ **귓불**<br>みみ<br>耳たぶ<br>미미타부 | ⓯ **쌍꺼풀**<br>ふた　え<br>二重まぶた<br>후타에마부타 | ⓰ **관자놀이**<br>こめかみ<br>코메카미 |
| ⓱ **볼**<br>ほお<br>頬<br>호- | | | |

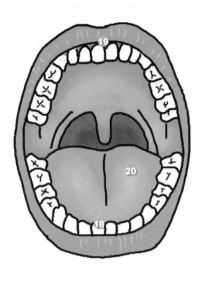

⑱ **치아**
歯
하

⑲ **잇몸**
歯茎
하구키

⑳ **혀**
舌
시타

㉑ **수염**
髭
히게

㉒ **보조개**
えくぼ
에쿠보

㉓ **구레나룻**
頬ひげ
호-히게

㉔ **콧수염**
口ひげ
쿠치히게

그녀의 눈이 반짝반짝 빛납니다.
彼女の目がキラキラと輝きます。
카노죠노 메가 키라키라토 카가야키마스

**①목**
くび
首
쿠비

**②어깨**
かた
肩
카타

**③가슴**
むね
胸
무네

**④배**
はら　なか
腹（お腹）
하라 / 오나카

**⑤배꼽**
へそ
臍
헤소

**⑥허리**
こし
腰
코시

**⑦등**
せ なか
背中
세나카

**⑧엉덩이**
しり
尻
시리

**⑨넓적다리**
ふともも
太股
후토모모

**⑩무릎**
ひざ
膝
히자

**⑪정강이**
すね
脛
스네

**⑫다리(발)**
あし
足
아시

**⑬발목**
あし くび
足首
아시쿠비

**⑭발꿈치**
かかと
踵
카카토

**⑮팔**
うで
腕
우데

**⑯팔꿈치**
ひじ
肘
히지

**⑰손목**
て くび
手首
테쿠비

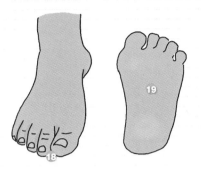

**⑱ 발가락**
あし ゆび
足の指
아시노유비

**⑲ 발바닥**
あし うら
足の裏
아시노우라

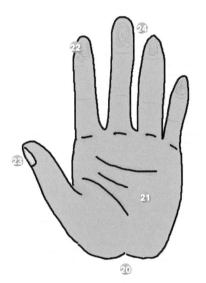

**⑳ 손**
て
手
테

**㉑ 손바닥**
て
手のひら
테노히라

**㉒ 지문**
し もん
指紋
시몬

**㉓ 손톱**
つめ
爪
츠메

**㉔ 손가락**
ゆび
指
유비

**– 엄지**
おやゆび
親指
오야유비

**– 검지**
ひと さ    ゆび
人差し指
히토사시유비

**– 중지**
なかゆび
中指
나카유비

**– 약지**
くすりゆび
薬指
쿠스리유비

**– 새끼손가락**
こ ゆび
小指
코유비

우리 몸③

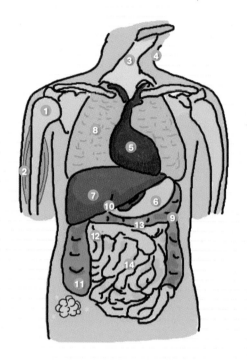

**①** 뼈
ほね
骨
호네

**②** 근육
きん にく
筋肉
킨니쿠

**③** 갑상선
こうじょうせん
甲状腺
코-죠-센

**④** 목젖
こうがいすい
口蓋垂
코-가이스이

**⑤** 심장
しん ぞう
心臓
신조-

**⑥** 위
い
胃
이

**⑦** 간
カン / きも
肝 / 肝
칸 / 키모

**⑧** 폐
はい
肺
하이

**⑨** 췌장
すい ぞう
膵臓
스이조-

**⑩** 담낭
たんのう
胆嚢
탄노-

**⑪** 맹장
もうちょう
盲腸
모-쵸-

**⑫** 십이지장
じゅう に し ちょう
十二指腸
쥬-니시쵸-

**⑬** 대장
だいちょう
大腸
다이쵸-

**⑭** 소장
しょうちょう
小腸
쇼-쵸-

**혈액**
けつえき
血液
케츠에키

**세포**
さいぼう
細胞
사이보-

**척추**
せきつい　せぼね
脊椎 / 背骨
세키츠이 / 세보네

**관절**
かんせつ
関節
칸세츠

**❶ 혈관**
けっかん
血管
켁칸

**❷ 신장**
じんぞう
腎臓
진조-

**❸ 방광**
ぼうこう
膀胱
보-코-

**신경**
しんけい
神経
신케-

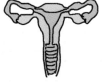

**뇌**
のう
脳
노-

**자궁**
しきゅう
子宮
시큐-

어젯밤부터 계속 위가 아파서 병원에 갔어요.
さくや　　　　　　　い　いた　　　　　びょういん　い
昨夜からずっと胃が痛くなって病院に行きました。
사쿠야카라 즛토 이가 이타쿠낫테 보-인니 이키마시타

**땀**
汗(あせ)
아세

**식은땀**
冷(ひ)や汗(あせ)
히야아세

**땀샘**
汗腺(かんせん)
칸센

**침**
唾(つば)
츠바

**콧물**
鼻水(はなみず)
하나미즈

**귀지**
耳垢(みみあか)
미미아카

**코딱지**
鼻(はな)くそ
하나쿠소

**하품**
あくび
아쿠비

**딸꾹질**
しゃっくり
샥쿠리

**재채기**
くしゃみ
쿠샤미

**트림**
おくび, げっぷ
오쿠비, 겝푸

**방귀**
おなら
오나라

너무 긴장해서 땀을 많이 흘렸습니다
緊張(きんちょう)し過(す)ぎて、汗(あせ)をたくさんかきました。
킨쵸-시스기테 아세오 탁상 카키마시타

114

**숨**
息
이키

**기침**
咳
세키

**한숨**
ため息
타메이키

**소변**
小便
쇼―벤

**대변**
うんこ / 大便
응코 / 다이벤

**분비기관**
分泌器官
붐피츠키칸

**눈곱**
目脂 / 目糞
메야니 / 메쿠소

**배설물**
排泄物
하이세츠부츠

**가래**
たん
탄

**비듬**
ふけ
후케

**고막**
鼓膜
코마쿠

**과잉분비**
過剰分泌
카죠―붐피츠

나도 모르게 한숨이 나왔습니다.
思わずため息が出ました。
오모와즈 타메이키가 데마시타

**아픔, 통증**
痛み <sup>いた</sup>
이따미

**알레르기**
アレルギー
아레루기-

**관절염**
関節炎 <sup>かんせつえん</sup>
칸세츠엔

**실신**
失心 <sup>しっしん</sup>
싯신

**자폐증**
自閉症 <sup>じへいしょう</sup>
지헤-쇼-

**물집**
水ぶくれ <sup>みず</sup> / 水疱 <sup>すいほう</sup> /
ブリスター
미즈부쿠레 / 스이호- /
부리스타-

**고혈압**
高血圧 <sup>こうけつあつ</sup>
코-케츠아츠

**멍**
あざ
아자

**화상**
火傷 <sup>やけど</sup>
야케도

**암**
癌 <sup>がん</sup>
간

**충치**
虫歯 <sup>むし ば</sup>
무시바

**한기**
寒気 <sup>さむけ</sup>
사무케

그녀는 금속 알레르기가 있습니다.
彼女 <sup>かのじょ</sup> は金属 <sup>きんぞく</sup> アレルギーがあります。
카노죠와 킨죠쿠 아레루기-가 아리마스

**천식**
ぜん そく
喘息
젠소쿠

**감기**
か ぜ
風邪
카제

**변비**
べん ぴ
便秘
벰피

**치통**
し つう
歯痛
시츠ー

**치매**
ち ほうしょう
痴呆症
치호ー쇼ー

**당뇨병**
とう にょうびょう
糖尿病
토ー뇨ー뵤ー

**설사**
げ り
下痢
게리

**현기증**
めまい
目眩
메마이

**결핵**
けっ かく
結核
켁카쿠

**장염**
ちょうえん
腸炎
쵸ー엔

**폐렴**
はいえん
肺炎
하이엔

**발열**
はつねつ
発熱
하츠네츠

감기에 걸려서 기침도 심하고 목도 아픕니다.
か ぜ ひ　　 せき　　　　　 のど
風邪を引いて、咳がひどいし喉もいたいんです。
카제오히이테 세키가 히도이시 노도모 이타인데스

**독감**
インフルエンザ
잉후루엔자

**식중독**
食中毒
쇼쿠쮸−도쿠

**심장 마비**
心臓麻痺
신조−마히

**두통**
頭痛
즈츠−

**영양실조**
栄養失調
에−요−싯쬬−

**간염**
肝炎
캉엔

**가려움**
かゆみ
카유미

**불면증**
不眠症
후민쇼−

**소화불량**
消化不良
쇼−카후료−

**메스꺼움**
吐き気
하키케

**수두**
水痘
스이토−

**비만**
肥満
히만

국내에서 독감이 유행하고 있습니다.
国内でインフルエンザが流行っています。
코쿠나이데 잉후루엔자가 하얏테이마스

**골다공증**
骨粗鬆症
코츠소쇼-쇼-

**공포증**
恐怖症
쿄-후쇼-

**중독**
中毒
츄-도쿠

**류머티즘**
熱射病
넷샤뵤-

**골절**
骨折
콧세츠

**맹장염**
盲腸炎
모-쵸-엔

**위염**
胃炎
이엔

**뇌졸중**
脳卒中
노-솟쥬-

**홍역**
麻疹
하시카

**궤양**
潰瘍
카이요-

**스트레스**
ストレス
스토레스

**과로**
過労
카로-

그녀는 다리가 부러져서 한 달 동안 입원했어요.
**彼女は足を骨折して一ヶ月間入院しました。**
카노죠와 아시오 콧세츠시테 익카게츠칸 뉴-인시마시타

**소화제**
しょう か ざい
消化剤
쇼-카자이

**감기약**
か ぜぐすり
風邪薬
카제구스리

**위장약**
い ちょう やく
胃腸薬
이쵸-야쿠

**멀미약**
よ ど
酔い止め
요이도메

**안약**
め ぐすり
目薬
메구스리

**해열제**
げ ねつざい
解熱剤
게네츠자이

**한약**
かんぽう やく
漢方薬
캄포-야쿠

**영양제**
えいよう ざい
栄養剤
에-요-자이

**습포제, 파스**
しっぷざい
湿布剤
십푸자이

**설사약**
げ り ど
下痢止め
게리도메

**지혈제**
ち ど
血止め
치도메

**비타민**
ビタミン
비타민

---

감기약을 먹고 있지만 전혀 효과가 없습니다.
かぜぐすり の き
風薬を飲んでいますが、まったく効きません。
카제구스리오 논데이마스가 맛타쿠 키키마센

**무좀약**
水虫薬
みずむしぐすり
미즈무시구스리

**가려울 때 바르는 약**
かゆみ止め
ど
카유미도메

**기침약**
咳止め
せき ど
세키도메

**진통제**
痛み止め
いた ど
이타미도메

**붕대**
包帯
ほうたい
호-타이

**변비약**
便秘薬
べん ぴ やく
벰피야쿠

**소염제**
消炎剤
しょうえんざい
쇼-엔자이

**아스피린**
アスピリン
아스피린

**수면제**
睡眠薬
すいみん やく
스이밍야쿠

**연고**
軟膏
なん こう
낭코-

**반창고**
絆創膏
ばんそう こう
반소-코-

**소독약**
消毒薬
しょうどく やく
쇼-도쿠야쿠

---

손가락을 베었어. 반창고 좀 줄래?

指を切っちゃった。絆創膏をちょうだい。
ゆび き　　　　　　ばんそう こう
유비오 킷챳타 반소-코-오 쵸-다이.

# Part

# 03

## 자연과 취미

| 봄 | 여름 | 가을 | 겨울 |
|---|---|---|---|
| はる | なつ | あき | ふゆ |
| 春 | 夏 | 秋 | 冬 |
| 하루 | 나츠 | 아키 | 후유 |

| 춘하추동 | 꽃가루 알레르기 | 꽃샘추위 | 장마 |
|---|---|---|---|
| しゅん か しゅうとう | か ふんしょう | はなび | つゆ |
| 春夏秋冬 | 花粉症 | 花冷え | 梅雨 |
| 슌카슈－토－ | 카훈쇼－ | 하나비에 | 츠유 |

| 한여름 | 더위 | 무덥다 | 늦더위 |
|---|---|---|---|
| まなつ | あつ | む あつ | ざんしょ |
| 真夏 | 暑さ | 蒸し暑い | 残暑 |
| 마나츠 | 아츠사 | 무시아츠이 | 잔쇼 |

일본사람들은 봄이 되면 꽃가루 알레르기 때문에 괴롭습니다.

に ほんじん　　はる　　　　　　か ふんしょう　　くる
**日本人は春になると花粉症で苦しいです。**

니혼진와 하루니 나루토 카훈쇼－데 쿠루시－데스

**단풍**
もみじ
紅葉
모미지

**단풍놀이**
もみじ が
紅葉狩り
모미지가리

**낙엽**
お　ば
落ち葉
오치바

**가을비**
あきさめ
秋雨
아키사메

**추위**
さむ
寒さ
사무사

**얼음**
こおり
氷
코-리

**고드름**
つらら
氷柱
츠라라

**동상**
しもやけ
시모야케

**첫눈**
はつゆき
初雪
하츠유키

**눈사태**
なだれ
雪崩
나다레

**눈싸움**
ゆきがっせん
雪合戦
유키갓센

**눈사람**
ゆき
雪だるま
유키다루마

Part 03 자연과 취미

이번주 토요일에 후지산으로 단풍구경갑니다.
こんしゅう　ど ようび　ふ じさん　もみじ が　い
今週の土曜日に富士山に紅葉狩りに行きます。
콘슈-노 도요-비니 후지산니 모미지가리니 이키마스

125

**일기예보**
天気予報
텡키요호ー

**맑음**
晴れ
하레

**흐림**
曇り
쿠모리

**비**
雨
아메

**눈**
雪
유키

**바람**
風
카제

**강풍**
強風
쿄ー후ー

**서리**
霜
시모

**태풍**
台風
타이후ー

**천둥**
雷
카미나리

**폭풍**
嵐
아라시

**비구름**
雨雲
아마구모

오늘 태풍으로 축구 경기가 연기되었어요.
今日台風でサッカーの試合が延期になりました。
쿄ー 타이후ー데 삭카ー노 시아이가 엥키니 나리마시타

**자외선**
しがいせん
紫外線
시가이센

**안개**
きり
霧
키리

**고기압**
こうきあつ
高気圧
코-키아츠

**저기압**
ていきあつ
低気圧
테-키아츠

**번개**
いなずま
稲妻
이나즈마

**우박**
ひょう
雹
효-

**가뭄**
ひで
日照り
히데리

**소나기**
ゆうだち
夕立
유-다치

**가랑비**
きりさめ
霧雨
키리사메

**눈보라**
ふぶき
吹雪
후부키

**홍수**
こうずい
洪水
코-즈이

**습도**
しつど
湿度
시츠도

Part 03　자연과 취미

오늘은 자외선이 강하니 아이들과 집에서 놀아주세요.
きょう しがいせん つよ こども いえ あそ
# 今日は紫外線が強いので子供たちと家で遊んでください。
쿄-와 시가이셍가 츠요이노데 코도모타치토 이에데 아손데쿠다사이

**달력**
カレンダー
카렌다-

**월요일**
げつ よう び
月曜日
게츠요-비

**화요일**
か よう び
火曜日
카요-비

**수요일**
すい よう び
水曜日
스이요-비

**목요일**
もく よう び
木曜日
모쿠요-비

**금요일**
きん よう び
金曜日
킹요-비

**토요일**
ど よう び
土曜日
도요-비

**일요일**
にち よう び
日曜日
니치요-비

**지난주**
せんしゅう
先週
센슈-

**이번 주**
こんしゅう
今週
콘슈-

**1월**
いちがつ
一月
이치가츠

**2월**
に がつ
二月
니가츠

---

타는 쓰레기는 월수금 아침에 버려주세요.
も げっすいきん あさ だ
燃えるゴミは月水金の朝に出してください。
모에루고미와 겟스이킨노 아사니 다시테쿠다사이

128

# 曜日と月
<ruby>曜<rt>よう</rt></ruby><ruby>日<rt>び</rt></ruby>と<ruby>月<rt>つき</rt></ruby>

**3월**
さんがつ
三月
상가츠

**4월**
し がつ
四月
시가츠

**5월**
ご がつ
五月
고가츠

**6월**
ろくがつ
六月
로쿠가츠

**7월**
しちがつ
七月
시치가츠

**8월**
はちがつ
八月
하치가츠

**9월**
く がつ
九月
쿠가츠

**10월**
じゅうがつ
十月
쥬ー가츠

**11월**
じゅういちがつ
十一月
쥬ー이치가츠

**12월**
じゅう に がつ
十二月
쥬ー니가츠

**월초**
つきはじ
月初め
츠키하지메

**월말**
げつまつ
月末
게츠마츠

키무라씨 생일이 언제입니까? 7월7일입니다.
<ruby>木村<rt>きむら</rt></ruby>さん、お<ruby>誕生<rt>たんじょう</rt></ruby><ruby>日<rt>び</rt></ruby>はいつですか。<ruby>七月七日<rt>しちがつなのか</rt></ruby>です。
키무라상 오탄죠ー비와 이츠데스카 시치가츠 나노카데스

**하루**
いちにち
一日
이치니치

**반나절**
はんにち
半日
한니치

**오늘**
きょう
今日
쿄-

**어저께**
きのう
昨日
키노-

**그저께**
おととい
一昨日
오토토이

**내일**
あした
明日
아시타

**모레**
あさって
明後日
아삿테

**아침**
あさ
朝
아사

**오전**
ご ぜん
午前
고젠

**정오**
しょうご
正午
쇼-고

**낮**
ひる
昼
히루

**오후**
ご ご
午後
고고

내일 오후3시에 예약하고 싶은데요 가능합니까?
あした　　　　　ご ご さんじ　　　 よ やく　　　　　　　　　　あ
明日の午後三時に予約したいのですが、空いていますか。
아시타노 고고산지니 요야쿠시타이노데스가 아이테이마스카

# 時間
じ かん

**저녁**
夕方
ゆうがた
유-가타

**밤**
夜
よる
요루

**지난밤**
昨夜
さくや
사쿠야

**오늘밤**
今夜
こんや
콩야

**한밤중**
真夜中
まよなか
마요나카

**새벽**
夜明け
よあけ
요아케

**해뜰녘**
朝方
あさがた
아사가타

**몇시몇분몇초**
何時何分何秒
なんじ なんぷんなんびょう
난지남푼남뵤-

**1시간**
一時間
いちじかん
이치지칸

**3시-6시-9시**
三時-六時-九時
さんじ ろくじ くじ
산지-로쿠지-쿠지

**10시 15분**
十時十五分
じゅうじじゅうごふん
쥬-지쥬-고훈

**30분**
三十分 / 半
さんじゅっぷん はん
산쥬-푼 / 한

함께 쇼핑갈래요? 지금 11시니깐 1시간 후에 백화점 앞에서 만나요.
一緒に買い物に行きませんか。今十一時なので一時間後
いっしょ か もの い いまじゅういち じ いち じ かん ご
にデパートの前で会いましょう。
まえ あ
잇쇼니 카이모노니 이키마셍카 이마 쥬-이치지나노데 이치지칸고니 데파-토노마에데 아이마쇼-

**석류석**

ガーネット

가-넷토 (1月)

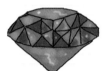

**자수정**

アメジスト

아메지스토 (2月)

**아쿠아마린**

アクアマリン

아쿠아마린 (3月)

**다이아몬드**

ダイヤモンド

다이야몬도 (4月)

**에메랄드**

エメラルド

에메라루도 (5月)

**진주**

パール

파-루 (6月)

**루비**

ルビー

루비- (7月)

**페리도트**

ペリドット

페리돗토 (8月)

**사파이어**

サファイア

사화이아 (9月)

**오팔**

オパール

오파-루 (10月)

**토파즈**

トパーズ

토파-즈 (11月)

**터키석**

ターコイズ

타-코이즈 (12月)

5月의 탄생석은 에메랄드입니다.

五月の誕生石はエメラルドです。

고가츠노 탄죠-세키와 에메라루도데스

**염소자리**
**山羊座**
야기자
(12月22日~1月20日)

**물병자리**
**水瓶座**
미즈가메자
(1月21日~2月18日)

**물고기자리**
**魚座**
우오자
(2月19日~3月20日)

**양자리**
**牡羊座**
오히츠지자
(3月21日~4月19日)

**황소자리**
**牡牛座**
오우시자
(4月20日~5月20日)

**쌍둥이자리**
**双子座**
후타고자
(5月21日~6月21日)

**게자리**
**蟹座**
카니자
(6月22日~7月22日)

**사자자리**
**獅子座**
시시자
(7月23日~8月22日)

**처녀자리**
**乙女座**
오토메자
(8月23日~9月22日)

**천칭자리**
**天秤座**
템빈자
(9月23日~10月22日)

**전갈자리**
**蠍座**
사소리자
(10月23日~11月22日)

**사수자리**
**射手座**
이테자
(11月23日~12月21日)

무슨 자리니? 이번 달 별자리 운세 봐줄게. 난 쌍둥이자리.

# 何座なの。今月の星占い見てあげるよ。私は双子座。

나니자나노 콩게츠노 호시우라나이 미테아게루요 와타시와 후타고자

**할리우드 영화**
ハリウッド映画
하리웃도에-가

**관객**
観客
캉캬쿠

**광고판**
広告板
코-코쿠반

**블록버스터**
**(흥행 성공작)**
ブロックバスター
부록쿠바스타-

**더빙**
吹き替え
후키카에

**자막**
字幕
지마쿠

**매표소**
きっぷ売り場
킵푸우리바

**시사회**
試写会
시샤카이

**희극 영화**
コメディー映画
코메디-에-가

**감독**
監督
칸토쿠

**여배우**
女優
죠유-

**남자배우**
俳優 / 男優
하이유- / 당유-

어떤 영화를 좋아하세요? 로맨틱코미디 영화를 좋아해요.
どんな映画が好きですか。ラブコメディ映画がすきです。
돈나에-가가 스키데스카 라부코메디 에-가가 스키데스

**스태프**
スタッフ
스탑후

**재난 영화**
災難映画
사이낭에―가

**개봉**
封切り
후―기리

**속편**
続編
조쿠헨

**단편 영화**
短編映画
탐펭에―가

**공포 영화**
ホラー映画
호라―에―가

**영화관**
映画館
에―가칸

**스크린**
スクリーン
스쿠리―인

**공상 과학 영화**
SF映画
에스에후에―가

**관객 연령 제한**
レイティング
레이팅구

**공포 영화**
スリラー
스리라―

**영화 예고편**
予告編
요코쿠헨

연휴에 집에서 공포 영화를 볼 예정이야.
連休に家でホラー映画を見る予定なんだ。
렝큐―니 이에데 호라―에―가오 미루 요테―난다

**여행**
りょ こう
旅行
료코-

**등산**
やまのぼ
山登り
야마노보리

**음악 감상**
おん がく かんしょう
音楽鑑賞
옹가쿠칸쇼-

**낚시**
つ
釣り
츠리

**독서**
どくしょ
読書
독쇼

**요리**
りょう り
料理
료-리

**영화 감상**
えい が かんしょう
映画鑑賞
에-가칸쇼-

**그림 그리기**
え か
絵描き
에카키

**사진 촬영**
しゃしんさつえい
写真撮影
샤신사츠에-

**게임**
ゲーム
게-무

**바둑**
い ご
囲碁
이고

**봉사**
ボランティア
보란티아

---

취미가 뭐가요? 특별히 취미라고 할 수 있는 건 없지만 요리하는 걸 좋아해요.

ご趣味はなんですか。特に趣味と言えるのはないんですが、料
理をすることが好きです。

고슈미와 난데스카 토쿠니 슈미토이에루노와 나인데스가 료-리오 스루코토가 스키데스

# 趣味 しゅ み

**꽃꽂이**
生け花 い ばな
이케바나

**댄스, 춤**
ダンス
단스

**장기**
将棋 しょうぎ
쇼-기

**우표 수집**
切手コレクション きっ て
킷테코레쿠숀

**서예**
書道 しょ どう
쇼도-

**운동**
運動 うん どう
운도-

**악기 연주**
楽器演奏 がっ き えん そう
각키엔소-

**드라이브**
ドライブ
도라이부

**뜨개질**
編み物 あ もの
아미모노

**정원 가꾸기**
ガーデニング
가-데닝구

**당구**
ビリヤード
비리야-도

**종이접기**
折り紙 お がみ
오리가미

다이어트 때문에 운동을 시작했는데 지금은 운동이 취미가 됐습니다.

ダイエットのため運動を始めましたが、今は運動が趣味になりました。 うん どう はじ いま うん どう しゅ み

다이엣토노타메 운도-오 하지메마시타가 이마와 운도-가 슈미니 나리마시타

**수영**
すいえい
水泳
스이에-

**양궁**
アーチェリー
아-체리-

**육상 경기**
りくじょうきょうぎ
陸上競技
리쿠죠-쿄-기

**배드민턴**
バドミントン
바도민톤

**야구 / 소프트볼**
やきゅう
野球 / ソフトボール
야큐- / 소후토보-루

**농구**
バスケットボール
바스켓토보-루

**권투**
ボクシング
복싱구

**카누**
カヌー
카누-

**사이클링**
サイクリング
사이쿠링구

**마술**
ばじゅつ
馬術
바쥬츠

**펜싱**
フェンシング
휀싱구

**축구**
サッカー
삭카-

양궁의 강국이라고 하면 단연 한국입니다.
きょうごう こく い　　　　　　　　　　　　　　かん こく
アーチェリーの強豪国と言えば、なんといっても韓国です。
아-체리-노 쿄-고-코쿠토이에바 난토잇테모 캉코쿠데스

**골프**
ゴルフ
고루후

**체조**
<ruby>体操<rt>たいそう</rt></ruby>
타이소-

**핸드볼**
ハンドボール
한도보-루

**하키**
ホッケー
혹케-

**유도**
<ruby>柔道<rt>じゅうどう</rt></ruby>
쥬-도-

**가라테**
<ruby>空手<rt>からて</rt></ruby>
카라테

**근대 5종**
<ruby>近代五種<rt>きんだいごしゅ</rt></ruby>
킨다이고슈

**보트**
ボート
보-토

**럭비**
ラグビー
라구비

**세일링**
セーリング
세-링구

**사격**
<ruby>射撃<rt>しゃげき</rt></ruby>
샤게키

**스케이트보드**
スケートボード
스케-토보-도

Part 03

자연과 취미

사격은 제1회 아테네올림픽부터 정식경기였다.

<ruby>射撃<rt>しゃげき</rt></ruby>は<ruby>第一回<rt>だいいっかい</rt></ruby>アテネオリンピックから<ruby>正式競技<rt>せいしききょうぎ</rt></ruby>だった。

샤게키와 다이이익카이 아테네오림픽쿠카라 세-시키쿄-기닷타

# 스포츠②

**스포츠 클라이밍**

スポーツクライミング

스포-츠쿠라이밍구

**서핑**

サーフィン

사-휜

**탁구**

卓球

탁큐-

**태권도**

テコンドー

테콘도-

**테니스**

テニス

테니스

**3종 경기(장거리 수영, 자전거, 마라톤)**

トライアスロン

토라이아스론

**배구**

バレーボール

바레-보-루

**역도**

重量挙げ

쥬-료-아게

**레슬링**

レスリング

레스링구

**알파인 스키**

アルペンスキー

아르펜스키-

**바이애슬론(스키와 사격을 겸한 경기)**

バイアスロン

바이아스론

**봅슬레이**

ボブスレー

보부스레-

올림픽 경기 중 트라이애슬론은 어떤 스포츠입니까?

オリンピック競技の中でトライアスロンはどんなスポーツですか。

오림픽쿄-기노 나카데 토라이아스론와 돈나 스포-츠데스카

**크로스컨트리 스키**

クロスカントリースキー

크로스칸토리-스키-

**컬링**

カーリング

카-링구

**피겨 스케이팅**

フィギュアスケート

휘규아스케-토

**스키 자유형**

フリースタイルスキー

후리-스타이루스키-

**아이스하키**

アイスホッケー

아이스혹케-

**루지**
**(1인용 경주용 썰매)**

リュージュ

류-쥬

**노르딕 복합 경기**

ノルディック複合

노루딕쿠후쿠고-

**쇼트 트랙 경기**

ショートトラック
スピードスケート

쇼-토토락쿠스피-도스케-토

**스켈레톤 경기**
**(엎드린 자세로 행**
**하는 속도 경기)**

スケルトン

스케루톤

**스키 점프**

スキージャンプ

스키-쟘푸

**스노보드**

スノーボード

스노-보-도

**스피드 스케이팅**

スピードスケート

스피-도스케-토

그녀는 국내에서 피겨스케이팅의 1인자로 인정받고 있다.

彼女は国内でフィギュアスケートの第一人者だと認められている。

카노죠와 코쿠나이데 휘규아스케-토노 다이이치닌샤다토 미토메라레테이루

**기독교**
キリスト教
키리스토쿄-

**천주교**
カトリック教
카토릭쿠쿄-

**불교**
仏教
북쿄-

**유교**
儒教
쥬쿄-

**힌두교**
ヒンズー教
힌즈-쿄-

**이슬람교**
イスラム教
이스라무쿄-

**교회**
教会
쿄-카이

**예배**
礼拝
레-하이

**성경**
聖書
세-쇼

**찬송가**
賛美歌
삼비카

**예수**
イエス
이에스

**하느님**
神
카미

---

그는 불교에서 기독교로 개종했습니다.
彼は仏教からキリスト教に改宗しました。
카레와 북쿄-카라 키리스토쿄-니 카이슈-시마시타

**부활**
ふっかつ
復活
훅카츠

**성당**
せいどう
聖堂
세-도-

**미사**
ミサ
미사

**세례**
せんれい
洗礼
센레-

**신부**
しんぷ
神父
심푸

**수녀**
しゅうじょ
修女
슈-죠

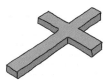

**십자가**
じゅうじか
十字架
쥬-지카

**절**
てら
寺
테라

**부처**
ほとけ
仏
호토케

**극락**
ごくらく
極楽
고쿠라쿠

**석가**
しゃか
釈迦
샤카

**신사**
じんじゃ
神社
진쟈

십자가는 기독교의 상징이다
じゅうじか　　　　きょう　しょうちょう
十字架はキリスト教の象徴である。
쥬-지카와 키리스토쿄-노 쇼-쵸-데아루

143

**전통**
でん とう
伝統
덴토-

**유산**
い さん
遺産
이산

**다도**
さ どう
茶道
사도-

**꽃꽂이**
い　ばな
生け花
이케바나

**서예**
しょ どう
書道
쇼도-

**노**
のう
能
노-

**가부키**
か ぶ き
歌舞伎
카부키

**쿄겐**
きょうげん
狂言
쿄-겐

**분락**
ぶん らく
文楽
분라쿠

**만담**
まんざい
漫才
만자이

**하이쿠**
はい く
俳句
하이쿠

**단가**
たん か
短歌
탕카

그녀는 일본의 전통문화를 배우려고 독일에서 왔어.
かのじょ　　に ほん　　でん とうぶん か　　まな
彼女は日本の伝統文化を学ぶためにドイツから来たんだ。
카노죠와 니혼노덴토-붕카오 마나부타메니 도이츠카라 키탄다

**일본 정원**
に ほんていえん
日本庭園
니혼테-엔

**인형극**
にんぎょうじょう る り
人形浄瑠璃
닝교-죠-루리

**스모**
すもう
相撲
스모-

**기모노**
きもの
着物
키모노

**유카타**
ゆかた
浴衣
유카타

**일본화**
に ほん が
日本画
니홍가

**풍속화**
うき よ え
浮世絵
우키요에

**일본 무용**
に ほんぶよう
日本舞踊
니홈부요-

**황거**
こう きょ
皇居
코-쿄

**천황**
てんのう
天皇
텐노-

**황후**
こう ごう
皇后
코-고-

**황태자**
こうたいし
皇太子
코-타이시

스모팬이 된 계기가 뭡니까?
すもう
相撲ファンになったきっかけはなんですか。
스모-환니 낫타 킥카케와 난데스카

**대기 오염**
たいき お せん
大気汚染
타이키오센

**대체 에너지**
だいたい
代替エネルギー
다이타이에네루기-

**기후 변화**
き こうへんどう
気候変動
키코-헨도-

**배출**
はいしゅつ
排出
하이슈츠

**멸종 위기종**
ぜつめつ き ぐ しゅ
絶滅危惧種
제츠메츠키구슈

**에너지 위기**
き き
エネルギー危機
에네루기-키키

**환경오염**
かんきょう お せん
環境汚染
캉쿄-오센

**배기가스**
はい き
排気ガス
하이키가스

**방사능낙진**
ほうしゃ のうこうはい
放射能降灰
호-샤노-코-하이

**화석연료**
か せきねんりょう
化石燃料
카세키넨료-

**매연**
えん
ばい煙
바이엔

**지구온난화**
ち きゅうおんだん か
地球温暖化
치큐온당카

---

플라스틱이 해양 환경오염의 큰 원인이 됩니다.
かいよう かんきょう お せん おお げんいん
プラスチックが海洋の環境汚染の大きな原因になります。
푸라스칙쿠가 카이요-노 캉쿄-오센노 오-키나 겡인니 나리마스

**온실효과**
おんしつ こう か
温室効果
온시츠코-카

**핵분열**
かくぶんれつ
核分裂
카쿠분레츠

**공해**
こうがい
公害
코-가이

**산림벌채**
しんりんばっさい
森林伐採
신린밧사이

**환경호르몬**
かんきょう
環境ホルモン
캉쿄-호루몬

**재활용**
リサイクル
리사이쿠루

**오존층 파괴**
そう は かい
オゾン層破壊
오존소-하카이

**식량문제**
しょくりょうもんだい
食糧問題
쇼쿠료-몬다이

**토양오염**
ど じょう お せん
土壌汚染
도죠-오센

**산성비**
さんせい う
酸性雨
산세-우

**수질오염**
すいしつ お せん
水質汚染
스이시츠오센

**사막화**
さばくか
砂漠化
사바쿠카

세계 식량 문제의 원인과 해결책을 생각해 봅시다.
せ かい　しょくりょうもんだい　げんいん　かいけつ さく　かんが
世界の食糧問題の原因と解決策を考えてみましょう。
세카이노 쇼쿠료-몬다이노 겡인토 카이케츠사쿠오 캉가에테미마쇼-

**무궁화**
ムクゲ
무쿠게

**장미**

バラ
바라

**해바라기**

ひまわり
히마와리

**민들레**
たんぽぽ
탐포포

**수선화**
すいせん
스이센

**카네이션**

カーネーション
카-네-숀

**튤립**
チューリップ
쥬-립푸

**진달래**

つつじ
츠츠지

**나팔꽃**
あさがお
朝顔
아사가오

**벚꽃**
さくら
桜
사쿠라

**국화**
きく
菊
키쿠

**연꽃**
はす はな
蓮の花
하스노하나

민들레의 꽃말이 뭔가요?
はな こと ば　　なん
たんぽぽの花言葉って何ですか。
탐포포노 하나코토밧테 난데스카

**코스모스**

コスモス

코스모스

**제비꽃**

すみれ
菫

스미레

**모란**

ぼ たん
牡丹

보탄

**억새**

すすき

스스키

**씨앗, 잎, 가지,
뿌리, 열매**

たね は えだ
種, 葉っぱ, 枝,
ね み
根, 実

타네, 합파, 에다, 네, 미

**대나무**

たけ
竹

타케

**소나무**

まつ
松

마츠

**버드나무**

やなぎ
柳

야나기

**은행나무**

いちょう

이쬬–

**떡갈나무**

かしわ
柏

카시와

**이끼**

こけ

코케

**선인장**

サボテン

사보텐

다음 주 토요일에 억새 보러 가지 않을래요?

らいしゅう ど よう び み い
来週の土曜日にすすきを見に行きませんか。

라이슈–노 도요–비니 스스키오 미니 이키마셍카

**개**
いぬ
犬
이누

**돼지**
ぶた
豚
부타

**멧돼지**
いのしし
이노시시

**말**
うま
馬
우마

**소**
うし
牛
우시

**고양이**
ねこ
猫
네코

**쥐**
ねずみ
鼠
네즈미

**캥거루**
カンガルー
캉가루-

**토끼**
うさぎ
兎
우사기

**곰**
くま
熊
쿠마

**코끼리**
ぞう
象
조-

**늑대**
おおかみ
狼
오-카미

저 강아지 진짜 귀엽지 않아? 꼭 인형같아.

あの犬すごくかわいくない。まるで人形みたい。

아노이누 스코쿠 카와이쿠나이 마루데 닝교-미타이

| 여우 | 사슴 | 원숭이 | 기린 |
|---|---|---|---|
| きつね<br>狐<br>키츠네 | しか<br>鹿<br>시카 | さる<br>猿<br>사루 | き りん<br>麒麟<br>키린 |

| 낙타 | 고릴라 | 너구리 | 호랑이 |
|---|---|---|---|
| らくだ<br>駱駝<br>라쿠다 | ゴリラ<br>고리라 | たぬき<br>狸<br>타누키 | とら<br>虎<br>토라 |

| 사자 | 표범 | 팬더 | 뱀 |
|---|---|---|---|
| しし<br>獅子, ライオン<br>시시, 라이온 | ひょう<br>豹<br>효- | パンダ<br>판다 | へび<br>蛇<br>헤비 |

원숭이도 나무에서 떨어진다 라는 속담이 있어.

さる き お い ことわざ
## 猿も木から落ちると言う諺があるんだ。
사루모 키카라 오치루토이우 코토와자가 아룬다.

**참새**
雀
<ruby>雀<rt>すずめ</rt></ruby>
스즈메

**까치**
かささぎ
카사사기

**앵무새**
<ruby>鸚鵡<rt>おう む</rt></ruby>
오-무

**독수리**
<ruby>鷲<rt>わし</rt></ruby>
와시

**매**
<ruby>鷹<rt>たか</rt></ruby>
타카

**올빼미**
<ruby>梟<rt>ふくろう</rt></ruby>
후쿠로-

**부엉이**
みみずく
미미즈쿠

**공작**
<ruby>孔雀<rt>くじゃく</rt></ruby>
쿠쟈쿠

**까마귀**
<ruby>烏<rt>からす</rt></ruby>
카라스

**비둘기**
<ruby>鳩<rt>はと</rt></ruby>
하토

**기러기**
<ruby>雁<rt>がん/かり</rt></ruby>
강/카리

**제비**
<ruby>燕<rt>つばめ</rt></ruby>
츠바메

까마귀 피해를 없애려면 대책이 필요합니다.

カラスの<ruby>被害<rt>ひ がい</rt></ruby>をなくすためには<ruby>対策<rt>たい さく</rt></ruby>が<ruby>必要<rt>ひつよう</rt></ruby>です。

카라스노 히가이오 나쿠스 타메니와 타이사쿠가 히츠요-데스

# 鳥と昆虫
とり こんちゅう

**갈매기**
かもめ
鴎
카모메

**나비**
ちょう
蝶
쵸-

**파리**
はえ
蠅
하에

**벌**
はち
蜂
하치

**무당벌레**
てんとうむし
天道虫
텐토-무시

**개똥벌레**
ほたる
蛍
호타루

**잠자리**
トンボ
톰보

**모기**
か
蚊
카

**메뚜기**
ばった
飛蝗
밧타

**바퀴벌레**
ゴキブリ
고키부리

**거미**
くも
蜘蛛
쿠모

**귀뚜라미**
コオロギ
코-로기

개똥벌레가 왜 빛나는지 알아 ?
ほたる ひか し
蛍がなぜ光るのか知ってる。
호타루가 나제 히카루노카 싯테루

# Part
# 04

## 교통과 여행

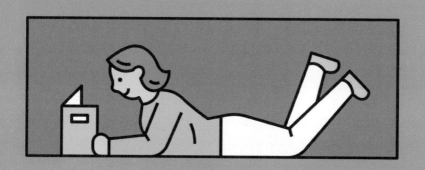

**관제탑**
かんせい とう
管制塔
칸세-토-

**활주로**
かっそうろ
滑走路
캇소-로

**여객기**
りょかくき
旅客機
료카쿠키

**여객터미널**
りょ かく
旅客ターミナル
료카쿠타-미나루

**공항라운지**
くう こう
空港ラウンジ
쿠-코-라운지

**카운터**
カウンター
카운타-

**항공사**
こうくうがいしゃ
航空会社, エアライン
코-쿠-가이샤,
에아라인

**비행 정보**
じょうほう
フライト情報
후라이토쵸-호-

**항공기 편명**
こうくう き びんめい
航空機便名,
フライトナンバー
코-쿠-키빔메-,
후라이토남바-

**게이트**
ゲート
게-토

**면세점**
めんぜいてん
免税店
멘제-템

**국내선**
こくないせん
国内線
코쿠나이센

공항 라운지 서비스를 이용하시겠습니까?
くう こう                              り ょう
空港ラウンジサービスをご利用いただきますか。
쿠-코- 라운지사-비스오 고리요- 이타다키마스카

**국제선**
国際線
콕사이센

**환전소**
両換所
료-가에쇼

**경유지**
経由地
케-유치

**착륙**
着陸
챠쿠리쿠

**이륙**
離陸
리리쿠

**여권**
パスポート
파스포-토

**탑승권**
搭乗券
토-죠-켄

**비자**
ビザ
비자

**예약 대기**
キャンセル待ち
칸세루마치

**편도**
片道
카타미치

**왕복**
往復
오-후쿠

**공항 시설 이용료,
공항세**
空港使用料
쿠-코-시요-료-

여권을 보여 주십시오.

パスポートを見せてください。

파스포-토오 미세테쿠다사이

157

**보안검색**

セキュリティチェック

세큐리티첵쿠

**입국심사**

入国審査

뉴-코쿠신사

**입국수속**

入国手続き

뉴-코쿠테츠스키

**출국심사**

出国審査

슈코쿠신사

**출국수속**

出国手続き

슈코쿠테츠스키

**수화물표, 꼬리표**

手荷物預かり証,
荷札

테니모츠아즈카리쇼-,
니후다

**귀중품**

貴重品

키쵸-힝

**짐을 맡기다**

荷物を預ける

니모츠오아즈케루

**수화물 보관소**

手荷物預かり所

테니모츠아즈카리쇼

**수화물 찾는 곳**

手荷物受取所

테니모츠우케토리쇼

**카트, 손수레**

カート

카-토

**슈트케이스**

スーツケース

스-츠케-스

입국하는 목적은 무엇입니까?

入国する目的は何ですか。

뉴-코쿠스루 모쿠테키와 난데스카

**검역소**
検疫所
けんえきしょ
켕에키쇼

**세관원**
税関職員
ぜいかんしょくいん
제-칸쇼쿠인

GATE 3

**탑승수속**
搭乗手続き
とうじょうてつづ
토-죠-테츠즈키

**금속탐지기**
金属探知機
きんぞくたんちき
킨조쿠탄치키

**반입금지품**
持ち込み禁止品
も こ きんしひん
모치코미킨시힝

**관세**
関税
かんぜい
칸제-

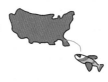

**목적지**
目的地
もくてきち
모쿠테키치

**방문 목적**
訪問目的
ほうもんもくてき
호-몸모쿠테키

**체류 기간**
滞留期間
たいりゅうきかん
타이류-키칸

**도중하차, 기착**
ストップオーバー
스톱푸오-바-

**연착, 딜레이**
ディレー
디레-

**대기**
待機
たいき
타이키

---

얼마나 머무르실 겁니까? 3일간입니다.

どれくらい滞在しますか。三日間です。
たいざい　　　　　　　　　みっかかん

도레쿠라이 타이자이시마스카 믹카칸데스

**조종석**
コックピット
콕쿠핏토

**기장**
き ちょう
機長
키쬬-

**부기장**
ふく き ちょう
副機長
후쿠키쬬-

**객실승무원**
きゃくしつじょう む いん
客室乗務員
캬쿠시츠쬬-무잉

**여자 승무원**
**(스튜어디스)**
スチュワーデス
스츄와-데스

**남자 승무원**
**(스튜어드)**
スチュワード
스츄와-도

**승객**
じょうきゃく
乗客
죠-캬쿠

**기내**
き ない
機内
키나이

**독서등**
どく しょ とう
読書灯
독쇼토-

**모니터**
モニター
모니타-

**호출버튼**
よ だ
呼び出しボタン
요비다시보탄

**안전벨트**
シートベルト
시-토베루토

---

안전을 위해 항상 안전벨트를 매주시기 바랍니다.
あんぜん　　　　　　つね　　　　　　　　　　　し
安全のため、常にシートベルトをお締めください。
안젠노 타메 츠네니 시-토베루토오 오시메쿠다사이

160

**구명조끼**
救命胴衣 きゅうめい どうい
큐-메-도-이

**짐 넣는 선반**
荷物ラック にもつ
니모츠락쿠

**통로**
通路 つう ろ
츠-로

**통로 측 좌석**
通路側の席 つう ろ がわ せき
츠-로가와노세키

**창가 측 좌석**
窓側の席 まどがわ せき
마도가와노세키

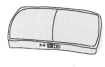

**좌석번호**
座席番号 ざ せきばんごう
자세키방고-

**비상구**
非常口 ひじょうぐち
히죠-구치

**일등석**
ファーストクラス
화-스토쿠라스

**비즈니스석**
ビジネスクラス
비지네스쿠라스

**일반석**
エコノミークラス
에코노미-쿠라스

**기내식**
機内食 きないしょく
키나이쇼쿠

**기내면세품**
機内免税品 きない めんぜいひん
키나이멘제-힝

가방이 선반에 들어가지 않습니다.
かばんが荷物ラックに入りません。 に もつ はい
카방가 니모츠락쿠니 하이리마센

**시차 피로**
時差ぼけ
지사보케

**비행기 멀미**
乗り物酔い
노리모노요이

**긴급 사태**
緊急事態
킹큐-지타이

**고도**
高度
코-도

**난기류**
乱気流
랑키류-

**불시착**
不時着
후지챠쿠

**도착지 날씨**
到着地の天候
토-챠쿠치노텡코-

**현지 시간**
現地時間
겐치지칸

**기내 서비스**
機内サービス
키나이사-비스

**신문**
新聞
심분

**잡지**
雑誌
잣시

**이어폰**
イヤホン
이야혼

한국어 신문이나 잡지 있습니까?
韓国語の新聞や雑誌はありますか。
캉코쿠고노 심분야 잣시와 아리마스카

**음료수**
飲み物
のみもの
노미모노

**안대**
目隠し
めかくし
메카쿠시

**담요**
毛布
もうふ
모-후

**베게**
枕
まくら
마쿠라

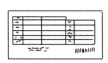

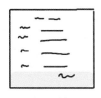

**입국카드**
入国カード
にゅうこく
뉴-코쿠카-도

**세관 신고서**
税関申告書
ぜいかんしんこくしょ
제-칸신코쿠쇼

**출국카드**
出国カード
しゅっこく
슛코쿠카-도

**기내 휴대수하물**
機内持ち込み
きないもこ
手荷物
てにもつ
키나이모치코미테니모츠

**기내로 휴대 가능한 가방**
キャリーバッグ
캬리-박구

**화장실(비었음)**
空き
あ
아키

**화장실(사용중)**
使用中
しようちゅう
시요-추-

**레그룸(다리 뻗는 공간)**
レックルーム
렉쿠루-무

입국카드와 세관신고서를 작성해주세요.
入国カードと税関申告書に記入してください。
にゅうこく　　　　ぜいかんしんこくしょ　　き にゅう
뉴-코쿠카-도토 제-칸신코쿠쇼니 키뉴-시테쿠다사이

**비행기**
ひ こう き
飛行機
히코-키

**구급차**
きゅうきゅうしゃ
救急車
큐-큐-샤

**열기구**
ねつ き きゅう
熱気球
네츠키큐-

**컨버터블**
コンバーチブル
콤바-치부루

**캠핑카**
キャンピングカー
캠핑구카-

**자전거**
じ てんしゃ
自転車
지텐샤

**배**
ふね
船
후네

**버스**
バス
바스

**소방차**
しょうぼうしゃ
消防車
쇼-보-샤

**지게차**
フォークリフト
훠-쿠리후토

**헬리콥터**
ヘリコプター
헤리코푸타-

**오토바이**
バイク
바이쿠

소방차 5대가 화재 현장으로 달려갔다.
ご だい　しょうぼうしゃ　か じ げんば　か
五台の消防車が火事現場に駆けつけた。
고다이노 쇼-보-샤가 카지겐바니 카케츠케타

**견인차**
レッカー車,
牽引車
렉카-샤, 켕인샤

**순찰차**
パトロールカー
/ パトカー
파토로-루카- / 파토카-

**트럭**
トラック
토락쿠

**잠수함**
潜水艦
센스이칸

**스쿠터**
スクーター
스쿠-타-

**지하철**
地下鉄
치카테츠

**택시**
タクシー
탁시-

**크레인**
クレーン
쿠레엔

**기차**
汽車
키샤

**전철**
電車
덴샤

**유람선**
遊覧船
유-란센

**케이블카**
ケーブルカー
케-부루카-

케이블카 타본 적 있습니까?

ケーブルカーに乗ったことがありますか。

케-부루카-니 놋타 코토가 아리마스카

**①** **가속장치**

アクセル
악세루

**②** **자동기어**

オートマチック
오-토마칙쿠

**③** **연료 표시기**

ねんりょうけい
燃料計,

フューエルゲージ
넨료-케-,
휴-에루게-지

**④** **브레이크**

ブレーキ
부레-키

**⑤** **에어백**

エアバッグ
에아박구

**⑥** **안전벨트**

シートベルト
시-토베루토

**⑦** **핸들**

ハンドル
한도루

**⑧** **경적, 클랙슨**

クラクション
쿠락숀

**⑨** **변속기**

スピードメーター
스피-도메-타-

타이어 펑크났어요.

**タイヤがパンクしました。**
타이야가 팡쿠시마시타

# 交通手段_自動車

こう つう しゅ だん　じ どう しゃ

**❶ 운전석**
運転席
うんてんせき
운텐세키

**❷ 조수석**
助手席
じょしゅせき
죠슈세키

**❸ 보닛**
ボンネット
본넷토

**❹ 범퍼**
バンパー
밤파−

**❺ 전조등**
ライト
라이토

**❻ 와이퍼**
ワイパー
와이파−

**❼ 사이드미러**
サイドミラー
사이도미라−

**❽ 백미러**
バックミラー
박쿠미라−

**❶ 뒷좌석**
後部座席
こう ぶ ざ せき
코−부자세키

**❷ 방향지시등**
ウィンカー
윙카−

**❸ 번호판**
ナンバープレート
남바−푸레−토

**❹ 트렁크**
トランク
토랑쿠

**❺ 타이어**
タイヤ
타이야

**❻ 선루프**
サンルーフ
산루−후

**배터리**
バッテリー
밧테리−

드라이브 중 조수석에서 자는 것은 운전자에게 실례입니까?
**ドライブ中、助手席で寝るのは運転手に失礼ですか？**
ちゅう　じょ しゅ せき　ね　　　　　　　　　うんてんしゅ　しつれい
도라이부츄− 죠슈세키데 네루노와 운텐슈니 시츠레−데스카

**버스 운전기사**
バス運転手
바스운텐슈

**버스 요금**
バス料金
바스료-킹

**버스여행**
バス旅行
바스료코-

**버스전용차로**
バスレーン
바스레-엔

**버스정류장**
バス停
바스테-

**버스승강장**
バス乗り場
바스노리바

**버스터미널**
バスターミナル
바스타-미나루

**고속버스**
高速バス
고-소쿠바스

**관광버스**
観光バス
캉코-바스

**리무진버스**
リムジンバス
리무진바스

**시내버스**
市内バス
시나이바스

**도쿄관광버스**
はとバス
하토바스

---

버스정류장까지 걸어서 15분 정도 걸려요.

バス停まで歩いて十五分ぐらいかかるんです。

바스테-마데 아루이테 쥬-고훙구라이 카카룬데스

168

**전세버스**
貸切バス
카시키리바스

**심야버스**
夜行バス
야코-바스

**이층버스**
二階バス
니카이바스

**장거리버스**
長距離バス
쵸-쿄리바스

**앞문으로 타는 버스**
前乗りバス
마에노리바스

**뒷문으로 타는 버스**
後乗りバス
우시로노리바스

**버스를 타다**
バスに乗る
바스니노루

**버스에서 내리다**
バスを降りる
바스오오리루

**버스가 오다**
バスが来る
바스가쿠루

**버스가 멈추다**
バスが止まる
바스가토마루

**버스가 출발하다**
バスが出る
바스가데루

**버스 요금을 지불하다**
バス料金を払う
바스료-킹오하라우

버스 요금은 탈 때 냅니까? 아니면 내릴 때 냅니까?
バス料金は乗る時に払いますか、それとも降りる時に払いますか。
바스료-킹와 노루토키니 하라이마스카 소레토모 오리루토키니 하라이마스카

Part 04

교통과 여행

**지하철(지하로 다니는 전동열차)**
ち か てつ
**地下鉄**
치카테츠

**전철(지상으로 다니는 전동열차)**
でんしゃ
**電車**
덴샤

**역**
えき
**駅**
에키

**노선도**
ろ せん ず
**路線図**
로센즈

**환승**
の   か
**乗り換え**
노리카에

**특급**
とっきゅう
**特急**
톡큐ー

**급행**
きゅうこう
**急行**
큐ー코ー

**쾌속**
かい そく
**快速**
카이소쿠

**보통열차**
ふ つうれっしゃ
**普通列車**
후츠ー렛샤

**첫차**
しはつ
**始発**
시하츠

**막차**
しゅうでん
**終電**
슈ー덴

**시각표**
じ こくひょう
**時刻表**
지코쿠효ー

마루노우치선으로 갈아타고 싶은데요.
まる   うちせん  の  か
**丸の内線に乗り換えたいんですが。**
마루노우치센니 노리카에타인데스가

170

**표**
きっ ぷ
切符
킵푸

**정기권**
てい き けん
定期券
테-키켄

**매표소**
きっ ぷ う ば
切符売り場
킵푸우리바

**자동 발매기**
じ どうけんばいき
自動券売機
지도-켐바이키

**창구**
まどぐち
窓口
마도구치

**역무원**
えきいん
駅員
에키인

**개찰구**
かいさつぐち
改札口
카이사츠구치

**정산기**
せいさん き
精算機
세-상키

**출구**
で ぐち
出口
데구치

**상행선**
のぼ
上り
노보리

**하행선**
くだ
下り
쿠다리

**플랫폼**
ホーム
호-무

표는 자동판매기로 살 수 있습니다.
きっ ぷ じ どうけんばい き か
切符は自動券売機で買えます。
킵푸와 지도-켐바이키데 카에마스

**택시 승강장**
タクシー乗り場
の　ば
탁시-노리바

**기본요금**
初乗り運賃
はつ の　うんちん
하츠노리운칭

**할증 요금**
割増料金
わり ましりょうきん
와리마시료-킹

**합승**
相乗り
あい の
아이노리

**빈차**
空車
くう しゃ
쿠-샤

**예약**
予約
よ やく
요야쿠

**자동문**
自動ドア
じ どう
지도-도아

**지름길**
近道
ちかみち
치카미치

**길을 돌아서 감**
回り道
まわ みち
마와리미치

**택시를 잡다**
タクシーを拾う
ひろ
탁시-오히로우

**택시를 세우다**
タクシーを止める
と
탁시-오토메루

**택시를 부르다**
タクシーを呼ぶ
よ
탁시-오요부

택시는 어디서 잡을 수 있습니까?

**タクシーはどこで拾えますか。**
ひろ
탁시-와 도코데 히로에마스카

172

**자전거 주차장**
ちゅうりんじょう
**駐輪場**
쥬-린죠-

**자전거전용도로**
じ てんしゃせんよう どうろ
**自転車専用道路**
지텐샤셍요-도-로

**방범 등록**
ぼうはんとう ろく
**防犯登録**
보-한토-로쿠

**방치자전거**
ほう ち じ てんしゃ
**放置自転車**
호-치지텐샤

**자전거 앞에 달린 바구니**
まえ
**前かご**
마에카고

**자전거 가게**
じ てんしゃ や
**自転車屋**
지텐샤야

**헬멧**

**ヘルメット**
헤루멧토

**바퀴**
しゃ りん
**車輪**
샤린

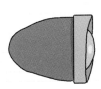

**페달**

**ペダル**
페다루

**안장**

**サドル**
사도루

**체인**

**チェーン**
체-인

**라이트**

**ライト**
라이토

저는 자전거로 통학하고 있습니다.
わたし　　じ てんしゃ　つう がく
**私は自転車で通学しています。**
와타시와 지텐샤데 츠-가쿠시테이마스

**철도**
てつどう
鉄道
테츠도-

**건널목**
ふ　き
踏み切り
후미키리

**횡단보도**
おうだん ほ どう
横断歩道
오-당호도-

**음주 운전**
いんしゅ うんてん
飲酒運転
인슈운텡

**졸음운전**
い ねむ　うんてん
居眠り運転
이네무리운텡

**무단횡단**
む だんおうだん
無断横断
무당오-단

**벌금**
ばっきん
罰金
박킹

**뺑소니**
に
ひき逃げ
히키니게

**고속도로**
こう そく どうろ
高速道路
코-소쿠도-로

**갓길**
ろ かた
路肩
로카타

**승객**
じょうきゃく
乗客
죠-캬쿠

**포장도로**
ほそうどうろ
舗装道路
호소-도-로

졸음운전은 절대 해서는 안됩니다.
い ねむ　うんてん　ぜったい
居眠り運転は絶対にしてはいけません。
이네무리운텡와 젯타이니 시테와 이케마센

174

**보행자**
歩行者
ほ こう しゃ
호코-샤

**도로, 차도**
道路, 車道
どう ろ　しゃ どう
도-로, 샤도-

일방통행

**일방통행**
一方通行
いっ ぽう つう こう
입포-츠-코-

**인도, 보도**
人道, 歩道
じん どう　ほ どう
진도-, 호도-

**최고 속도**
最高速度
さい こう そく ど
사이코-소쿠도

**교통체증**
交通渋滞
こう つう じゅう たい
코-츠-쥬-타이

**교통량**
交通量
こう つう りょう
코-츠-료-

**신호등**
信号灯
しん ごう とう
신고-토-

**지하도**
地下道
ち か どう
치카도-

**요금소**
料金所
りょう きん しょ
료-킨쇼

**중앙분리대**
中央分離帯
ちゅう おう ぶん り たい
츄-오-분리타이

**주차장**
駐車場
ちゅう しゃ じょう
츄-샤죠-

근처에 주차장이 있습니까?
近くに駐車場がありますか。
ちか　　ちゅうしゃじょう
치카쿠니 츄-샤죠-가 아리마스카

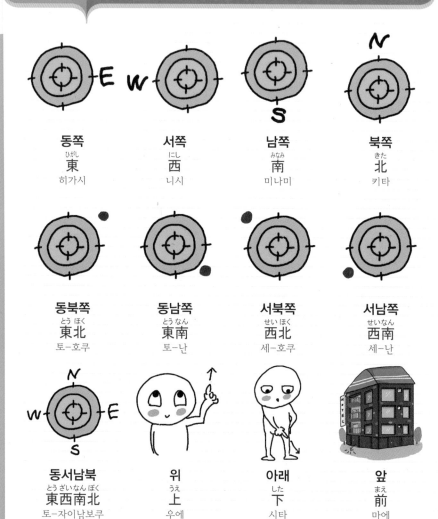

**동쪽**
ひがし
東
히가시

**서쪽**
にし
西
니시

**남쪽**
みなみ
南
미나미

**북쪽**
きた
北
키타

**동북쪽**
とう ほく
東北
토ー호쿠

**동남쪽**
とう なん
東南
토ー난

**서북쪽**
せい ほく
西北
세ー호쿠

**서남쪽**
せい なん
西南
세ー난

**동서남북**
とう ざい なん ぼく
東西南北
토ー자이남보쿠

**위**
うえ
上
우에

**아래**
した
下
시타

**앞**
まえ
前
마에

관광안내소는 이 길로 곧장 가면 오른쪽에 있습니다.

かんこう あんない しょ　　みち　　　　　い　　　みぎがわ
観光案内書はこの道をまっすぐ行くと、右側にあります。

캉코ー안나이쇼와 코노 미치오 맛스구 이쿠토 미기가와니 아리마스

# 位置、方向
いち ほうこう

**뒤**
後
うしろ
우시로

**안**
中
なか
나카

**밖**
外
そと
소토

**오른쪽**
右
みぎ
미기

**왼쪽**
左
ひだり
히다리

**가운데**
真ん中
ま なか
만나카

**옆**
隣
となり
토나리

**곁, (바로)옆**
側
そば
소바

**속**
奥
おく
오쿠

**바깥, 앞쪽**
表
おもて
오모테

**안쪽**
裏
うら
우라

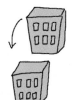

**맞은편**
向かい
む
무카이

Part 04

교통과 여행

신주쿠역 서쪽출구 앞에 있는 맥도날드에서 만나기로 했어.

新宿駅の西口の手前にあるマクドナルドで待ち合わせだよ。
しんじゅくえき にしぐち て まえ ま あ

신쥬쿠에키노 니시구치노 테마에니아루 마쿠도나루도데 마치아와세다요

**숙박 시설**
しゅくはく し せつ
宿泊施設
슈쿠하쿠시세츠

**수족관**
すいぞくかん
水族館
스이죠쿠칸

**준비, 채비**
じゅん び てはい
準備, 手配
쥼비, 테하이

**투어**

ツアー
츠아ー

**볼만한 곳**
み どころ
見所
미도코로

**유적**
い せき
遺跡
이세키

**식물원**
しょくぶつえん
植物園
쇼쿠부츠엔

**기념품 가게**
みやげ や
お土産屋
오미야게야

**타워**

タワー
타와ー

**관광명소**
かん こうめいしょ
観光名所,
かん こう
観光スポット
캉코ー메ー쇼, 캉코ー스폿토

**벚꽃 구경**
はなみ
花見
하나미

**시내관광**
し ないかんこう
市内観光
시나이캉코ー

도쿄타워에 가본 적 있습니까?
とう きょう い
東京タワーに行ったことがありますか。
토ー쿄ー타와ー니 잇타코토가 아리마스카

**미술관**
美術館
びじゅつかん
비쥬츠칸

**동물원**
動物園
どうぶつえん
도-부츠엔

**입장료**
入場料
にゅうじょうりょう
뉴-죠-료-

**체험관**
体験センター
たいけん
타이켄센타-

**현장 학습, 견학**
見学
けんがく
켕가쿠

**불꽃놀이**
花火
はなび
하나비

**유원지**
遊園地
ゆうえんち
유-엔치

**휴가**
休み、休暇
やす きゅうか
야스미, 큐-카

**온천**
温泉
おんせん
온센

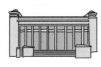

**박물관**
博物館
はくぶつかん
하쿠부츠칸

**여행 일정(표)**
旅程、旅行プラン
りょてい りょこう
료테-, 료코-푸란

**여행**
旅、旅行
たび りょこう
타비, 료코-

지난 주말에 여자친구와 우에노 동물원에 가서 데이트를 했어요.
せんしゅうまつ かのじょ うえ の どうぶつえん い
先週末に彼女と上野動物園に行ってデートをしました。
센슈-마츠니 카노죠토 우에노도-부츠엔니 잇테 데-토오 시마시타

**해외여행**
かいがいりょこう
海外旅行
카이가이료코-

**국내여행**
こくないりょこう
国内旅行
코쿠나이료코-

**수학여행**
しゅうがくりょこう
修学旅行
슈-가쿠료코-

**단체여행**
だんたいりょこう
団体旅行
단타이료코-

**신혼여행**
しんこんりょこう
新婚旅行
싱콘료코-

**당일여행**
ひがえりょこう
日帰り旅行
히가에리료코-

**나홀로여행**
ひとりたび
一人旅
히토리타비

**패키지여행**
パックツアー
팍쿠츠아-

**골든위크**
ゴールデンウィーク
고-루뎅위-쿠

**연휴**
れんきゅう
連休
렝큐-

**전망대**
てんぼうだい
展望台
템보-다이

**행락지**
こうらくち
行楽地
코-라쿠치

신혼여행은 하와이로 가기로 했습니다.
しんこんりょこう
新婚旅行はハワイに行くことにしました。
싱콘료코-와 하와이니 이쿠코토니 시마시타

**경치**<br>
景色<br>
け しき<br>
케시키

**야경**<br>
夜景<br>
や けい<br>
야케―

**관광코스**<br>
観光コース<br>
かん こう<br>
캉코―코―스

**테마파크**<br>
テーマパーク<br>
테―마파―쿠

**가이드북**<br>
ガイドブック<br>
가이도북쿠

**여행경비**<br>
旅行経費<br>
りょこう けい ひ<br>
료코―케―히

**지도**<br>
地図<br>
ち ず<br>
치즈

**환전하다**<br>
両替する<br>
りょうがえ<br>
료―가에스루

**비자를 내다**<br>
ビザを取る<br>
と<br>
비자오토루

**여행자 보험**<br>
旅行者保険<br>
りょ こうしゃ ほ けん<br>
료코―샤호켄

**디지털카메라**<br>
デジタルカメラ<br>
데지타루카메라

**일회용카메라**<br>
使い捨てカメラ<br>
つか す<br>
츠카이스테카메라

---

여행준비는 다 했어? 옷은 여행 가방에 넣어두고, 가이드북도 사왔어.

旅行の準備はもう大丈夫。服はスーツケースにいれてあるし、ガ<br>
りょ こう じゅん び だいじょう ぶ ふく

イドブックもかってきたわ。

료코―노 줌비와 모― 다이죠―부 후쿠와 스―츠케―스니 이레테아루시 가이도북쿠모 캇테키타와

**숙박**
しゅくはく
宿泊
슈쿠하쿠

**호텔**
ホテル
호테루

**비즈니스 호텔**
ビジネスホテル
비지네스호테루

**유스호스텔**
ユースホステル
유-스호스테루

**여관**
りょかん
旅館
료칸

**민박**
みんしゅく
民宿
민슈쿠

**게스트하우스**
ゲストハウス
게스토하우스

**리조트**
リゾート
리조-토

**예약하다**
よ やく
予約する
요야쿠스루

**예약을 취소하다**
よ やく
予約を
キャンセルする
요야쿠오캰세루스루

**1박하다**
いっぱく
一泊する
입파쿠스루

**기간 연장**
き かんえんちょう
期間延長
키캉엔쇼-

호텔에 빈방이 없으니 여관에서 묵읍시다.

ホテルは空き部屋がないので、旅館に泊まりましょう。
あ べ や　　　　　　　りょかん　と

호테루와 아키베야가 나이노데 료칸니 토마리마쇼-

# 宿泊施設

しゅく はく し せつ

**체크인, 입실**
チェックイン
첵쿠인

**체크아웃, 퇴실**
チェックアウト
첵쿠아우토

**조식포함**
ちょうしょく つ
朝食付き
죠-쇼쿠츠키

**조식 없음**
ちょうしょく
朝食なし
죠-쇼쿠나시

**숙박카드**
しゅくはく
宿泊カード
슈쿠하쿠카-도

**객실 번호**
へ や ばんごう
部屋番号
헤야방고-

**빈방**
あ へ や
空き部屋
아키베야

**만실**
まんしつ
満室
만시츠

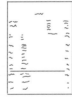

**침대방**
ようしつ
洋室
요-시츠

**일본식 다다미방**
わ しつ
和室
와시츠

**숙박료**
しゅくはくりょう へ や だい
宿泊料, 部屋代,
りょうきん
料金
슈쿠하쿠료-, 헤야다이,
료-킹

**노천온천**
ろ てん ぶ ろ
露天風呂
로템부로

---

숙박료는 1박에 얼마입니까? 조식 포함해서 만 오천 엔입니다.

りょうきん いっ ぱく ちょうしょく つ いちまん ご せんえん
料金は一泊いくらですか。朝食付きで一万五千円です。

료-킹와 입파쿠이쿠라데스카 쵸-쇼쿠츠키데 이치망고셍엔데스

**로비**
ロビー
로비-

**프론트**
フロント
후론토

**스위트룸**
スイートルーム
스이-토루-무

**더블룸**
ダブルルーム
다부루루-무

**트윈룸**
ツインルーム
츠인루-무

**싱글룸**
シングルルーム
싱구루루-무

**호텔 지배인**
ホテルの支配人
호테루노시하이닝

**접수 담당자**
受付係
우케츠케가카리

**도어맨**
ドアマン
도아만

**벨보이**
ベルボーイ
베루보-이

**룸메이드**
ルームメイド
루-무메이도

**팁**
チップ
칩푸

죄송하지만 트윈 룸은 다 찼습니다.
申し訳ありませんが、ツインルームは満室です。
모-시와케아리마셍가 츠인루-무와 만시츠데스

184

| 룸서비스 | 모닝콜 | 사우나 | 세탁 서비스 |
|---|---|---|---|
| ルームサービス | モーニングコール | サウナ | ランドリーサービス |
| 루-무사-비스 | 모-닝구코-루 | 사우나 | 란도리-사-비스 |

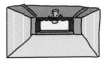

| 수영장 | 연회장 | 레스토랑 | 봉사료 |
|---|---|---|---|
| プール | 宴会場 | レストラン | サービス料金 |
| 푸-루 | 엥카이죠- | 레스토란 | 사-비스료-킹 |

| 세금 | 정산하다 | 귀중품을 맡기다 | 금연실 |
|---|---|---|---|
| 税金 | 精算する | 貴重品を預ける | 禁煙室 |
| 제-킹 | 세-산스루 | 키쿄-힝오아즈케루 | 킹엔시츠 |

내일 아침 6시에 모닝콜 부탁합니다.

明日の朝六字にモーニングコールをお願いします。

아시타노 아사 로쿠지니 모-닝구코-루오 오네가이시마스

**신상품**
新商品
신쇼-힝

**계산대**
レジ係, レジ
레지가카리, 레지

**저가**
格安, 低価格
카쿠야스, 테-카카쿠

**재고정리(세일)**
クリアランス
セール
쿠리아란스세-루

**불량품**
不良品
후료-힝

**할인**
セール
세-루

**정기휴일**
定休日
테-큐비

**영업시간**
営業時間
에-교-지칸

**보증서**
保証書
호쇼-쇼

**할부**
分割払い
붕카츠바라이

**가격표**
値札
네후다

**비닐봉투**
ビニール袋
비니-루부쿠로

봄 신상품이 20% 세일 중입니다.
春の新商品が20%セール中です。
하루노 신쇼-힝가 니쥬파-센토 세-루츄-데스

186

**구입하다**
購入する, 買う
코ー뉴ー스루, 카우

**사이즈, 치수**
サイズ
사이즈

**영수증**
領収書
료ー슈ー쇼

**환불**
払い戻し, 返金
하라이모도시, 헹킨

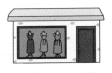

**소매업**
小売業
코우리교ー

매진
売り切れ, 完売
우리키레, 캄바이

**특별가(판매)**
特別販売,
スペシャルオファー
토쿠베츠함바이,
스페샤루오화ー

**인기상품**
目玉商品
메다마쇼ー힝

**추천상품**
お勧め商品
오스스메쇼ー힝

**탈의실**
試着室, 着替室
시챠쿠시츠, 키가에시츠

**포장하다**
包装する, ラッピング
호ー소ー스루, 랍핑구

**시식코너**
試食コーナー
시쇼쿠코ー나ー

사이즈가 안맞는데 환불해주시겠어요?

サイズが合わないので、返金してもらえますか。

사이즈가 아와나이노데 헹킨시테 모라에마스카

**골동품 가게**

アンティークショップ,
骨董品店
こっとうひんてん
안티-쿠숍푸, 콧토-힌텡

**제과점**

パン屋, ベーカリー
や
팡야, 베-카리

**마권 가게**

ブックメーカー,
賭け屋
か や
북쿠메-카-, 카케야

**정육점**

肉屋
にく や
니쿠야

**자동차 전시장**

自動車の
じどうしゃ
ショールーム
지도-샤노쇼-루-무

**자선 가게**

チャリティショップ
챠리티숍푸

**약국**

薬屋, 薬局
くすりや やっきょく
쿠스리야, 약쿄쿠

**야채 가게**

八百屋
や お や
야오야

**옷 가게**

服屋
ふく や
후쿠야

**세탁소**

クリーニング屋
や
쿠리-닝구야

**생선가게**

魚屋
さかなや
사카나야

**꽃집**

花屋
はなや
하나야

이 근처에 빵집이랑 꽃집 있습니까?

この近くにパン屋と花屋がありますか。
ちか や はなや
코노 치카쿠니 팡야토 하나야가 아리마스카

**장난감 가게**
おもちゃ屋
오모챠야

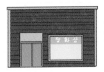

**잡화상**
雑貨屋
작카야

**선물 가게**
ギフトショップ,
ギフト販売店
기후토숍푸,
기후토함바이텐

**미용실**
美容室
비요-시츠

**철물점**
金物店
카나모노텡

**매점**
売店
바이텡

**빨래방**
コインランドリー
코인란도리-

**주류 판매하는 곳**
酒屋
사카야

**중고품 가게**
リサイクルショップ,
中古ストアー
리사이쿠루숍푸,
츄-코스토아-

**신발 수선 가게**
靴修理屋
쿠츠슈-리야

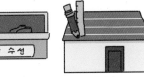

**문방구**
文房具屋
분보-구야

**안경점**
眼鏡屋
메가네야

**후지산**
ふ じ さん
富士山
후지산

**닛코**
にっ こう
日光
닛코-

**하코네**
はこ ね
箱根
하코네

**키요미즈데라**
きよみず でら
清水寺
키요미즈데라

**킨카쿠지**
きん かく じ
金閣寺
킹카쿠지

**호류지**
ほうりゅう じ
法隆寺
호-류-지

**토다이지**
とうだい じ
東大寺
토-다이지

**아소산**
あ そ さん
阿蘇山
아소산

**도톤보리**
どう とん ぼり
道頓堀
도-톰보리

**가루이자와**
かる い ざわ
軽井沢
카루이자와

**아사쿠사**
あさ くさ
浅草
아사쿠사

**오사카성**
おおさかじょう
大阪城
오-사카죠-

친구와 함께 닛코에서 1박을 했습니다.
とも だち いっしょ にっ こう いっ ぱく
友達と一緒に日光で一泊しました。
토모다치토 잇쇼니 닛코-데 입파쿠시마시타

**하코다테**
函館
はこだて
하코다테

**만자모**
万座毛
まん ざ もう
만자모-

**나고야성**
名古屋城
な ご や じょう
나고야죠-

**유니버셜스튜디오**
ユニバーサル
スタジオ
유니바-사루스타지오

**기타노이진칸**
北野異人館
きた の い じんかん
키타노이징칸

**오타루운하**
小樽運河
お たる うん が
오타루웅가

**나카스포장마차거리**
中州屋台街
なか す や たいがい
나카스야타이가이

**유후인**
由布院
ゆ ふ いん
유후인

**하우스텐보스**
ハウステンボス
하우스템보스

**사쿠라지마**
桜島
さくらじま
사쿠라지마

**아마노하시다테**
天橋立
あまのはしだて
아마노하시다테

**벳부온천**
別府温泉
べっ ぷ おんせん
벱푸온센

하코다테산에 올라가면 멋진 하코다테의 야경을 볼 수 있습니다.
函館山に登るとすばらしい函館の夜景が見られます。
はこだてやま　のぼ　　　　　　　　　　　　はこだて　や けい　み
하코다테야마니 노보루토 스바라시- 하코다테노 야케-가 미라레마스

# Part

# 05

## 사회와 국가

**식당**
しょくどう
食堂
쇼쿠도-

**고급 레스토랑**
こうきゅう
高級レストラン
코-큐-레스토란

**선술집**
い ざか や
居酒屋
이자카야

**패스트푸드점**
てん
ファーストフード店
화-스토후-도텡

**뷔페**
バイキング
바이킹구

**커피숍**
コーヒーショップ
코-히-숍푸

**카페테리아**
カフェテリア
카훼테리아

**웨이터**
ウェイター
웨이타-

**메뉴**
メニュー
메뉴-

**전채요리**
アペタイザー
아페타이자-

**샐러드**
サラダ
사라다

**파스타**
パスタ
파스타

오늘은 패스트푸드를 먹을까?
きょう                       た
今日は、ファーストフードを食べようか。
쿄-와 화-스토후-도오 타베요-카

**주요리**
メイン料理
りょう り
메인료-리

**비프스테이크**
ビーフステーキ
비-후스테-키

**잘 익은**
ウェルダン
웨루단

**중간 정도로 익은**
ミディアム
미디아무

**덜 익은**
レアー
레아-

**채식주의자**
ベジタリアン
베지타리안

**조리법**
レシピ
레시피

**한 그릇 더**
お代わり
か
오카와리

**가벼운 식사**
軽食
けいしょく
케-쇼쿠

**디저트**
デザート
데자-토

**테이크아웃**
持帰り
もちかえ
모치카에리

**계산서**
計算書
けいさん しょ
케-산쇼

스테이크는 어떻게 구워드릴까요?

**ステーキの焼き加減はどういたしましょうか。**
や　　か げん
스테-키노 야키카겡와 도-이타시마쇼-카

195

**레드와인**
赤ワイン
아카와인

**화이트와인**
白ワイン
시로와인

**맥주**
ビール
비-루

**생맥주**
生ビール
나마비-루

**보드카**
ウォッカ
웍카

**럼주**
ラム酒
라무슈

**브랜디**
ブランデー
부란데-

**칵테일**
カクテル
카쿠테루

**진토닉**
ジントニック
진토닉쿠

**샴페인**
シャンパン
샴판

**데킬라**
テキーラ
테키-라

**소주**
焼酎
쇼-츄-

저는 맥주보다 소주를 더 좋아합니다.
私はビールより焼酎の方がもっと好きです。
와타시와 비-루요리 쇼-츄-노호-가 못토 스키데스

# お酒 <sup>さけ</sup>

**정종**
日本酒 <sup>に ほんしゅ</sup>
니혼슈

**매실주**
梅酒 <sup>うめ しゅ</sup>
우메슈

**스카치**
スコッチ
스콧치

**유자술**
柚酒 <sup>ゆずざけ</sup>
유즈자케

**막걸리**
マッコリ
막코리

**동동주**
ドンドンジュ
돈돈쥬

**술안주**
おつまみ
오츠마미

**도수**
度数 <sup>ど すう</sup>
도스ー

**숙취**
二日酔い <sup>ふつ か よ</sup>
후츠카요이

**바텐더**
バーテンダー
바ー텐다ー

**만취하다**
酔っ払う <sup>よ ぱら</sup>
욥파라우

**건배**
乾杯 <sup>かんぱい</sup>
캄파이

숙취에는 어머니가 만들어주신 콩나물국이 최고입니다.
二日酔いにはお母さんが作ってくれた豆もやしスープが最高です。
후츠카요이니와 오카ー상가 츠쿳테쿠레타 마메모야시스ー프가 사이코ー데스

**은행원**
ぎんこういん
銀行員
깅코-인

**통장**
つうちょう
通帳
츠-쬬-

**계좌번호**
こうざ ばんごう
口座番号
코-자방고-

**계좌를 개설하다**
こうざ ひら
口座を開く,
こうざ かいせつ
口座を開設する
코-자오히라쿠,
코-자오카이세츠스루

**비밀번호**
あんしょうばんごう
暗証番号
안쇼-방고-

**예금**
よ きん
預金
요킹

**신분증**
み ぶんしょう
身分証
미분쇼-

**현금카드**
キャッシュカード
캿슈카-도

**저축**
ちょ ちく
貯蓄
쬬치쿠

**금리**
きん り
金利
킨리

**환율**
かわ せ
為替レート
카와세레-토

**예금 용지**
あず い ようし
預け入れ用紙
아즈케이레요-시

계좌를 개설하고 싶은데요. 그리고 현금카드도 만들어주세요.
こうざ ひら
口座を開きたいんですが。そしてキャッシュカードも作ってください。
코-자오 히라키타인데스가 소시테 캿슈카-도모 츠쿳테쿠다사이

### 출금 용지
払い戻し用紙
はら もど よう し
하라이모도시요-시

### 인터넷뱅킹
インターネットバンク,
ネットバンク
인타-넷토방쿠,
넷토방쿠

### 은행수수료
銀行手数料
ぎんこう て すうりょう
깅코-테스-료-

### 주택 담보 대출
住宅ローン
じゅうたく
쥬-타쿠로-온

### 현금 자동인출기 / ATM
現金自動預け
げんきん じ どうあず
払い機 /
ばら き
エーティーエム
겡킨지도-아즈케바라이키 /
에-티-에무

### 계좌이체
振り込み
ふ こ
후리코미

### 잔액조회
残高昭会
ざんだかしょうかい
잔다카쇼-카이

### 통장정리
通帳記入
つうちょう き にゅう
츠-쵸-키뉴-

### 수표
小切手
こ ぎって
코깃테

### 이서
裏書
うら がき
우라가키

### 환전
両替
りょうがえ
료-가에

### 이자
利子
り し
리시

**우체국**
ゆうびんきょく
郵便局
유-빈쿄쿠

**우체국 직원**
ゆうびんきょくいん
郵便局員
유-빈쿄쿠잉

**우체통**
ゆうびん
郵便ポスト
유-빔포스토

**우편물**
ゆうびんぶつ
郵便物
유-빔부츠

**편지**
て がみ
手紙
테가미

**우편엽서**
は がき
葉書
하가키

**연하장**
ねん が じょう
年賀状
넹가죠-

**소포**
こ づつみ
小包
코즈츠미

**택배**
たっきゅうびん
宅急便
탁큐-빈

**항공편**
こう くう びん
航空便
코-쿠-빈

**배편**
ふなびん
船便
후나빈

**우편요금**
そうりょう
送料
소-료-

이 소포를 한국으로 보내고 싶은데요 며칠 정도 걸립니까?
こ づつみ　　かん こく　　おく　　　　　　　　　　　なんにち
この小包を韓国に送りたいんですが、何日ぐらいかかりますか。
코노 코즈츠미오 캉코쿠니 오쿠리타인데스가 난니치구라이 카카리마스카

**착불, 수취인부담**
ちゃくばらい
着払い
챠쿠바라이

**등기**
かきとめ
書留
카키토메

**빠른우편**
そくたつ
速達
소쿠타츠

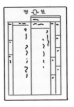

**전보**
でんぽう
電報
뎀포-

**봉투**
ふうとう
封筒
후-토-

**우표**
きって
切手
킷테

**우편번호**
ゆうびんばんごう
郵便番号
유-빔방고-

**받는 사람**
うけとりにん
受取人
우케토리닌

**보내는 사람**
はっしんしゃ / はっそうしゃ
発信者 / 発送者
핫신샤 / 핫소-샤

**배달처**
はいたつさき
配達先
하이타츠사키

**배달일**
はいそうび
配送日
하이소-비

**깨지기 쉽다**
こわ やす
壊れ易い
코와레야스이

이 편지를 등기로 보내주세요.
て がみ かきとめ
この手紙を書留にしてください。
코노 테가미오 카키토메니 시테쿠다사이

**도서관**
としょかん
図書館
토쇼칸

**열람실**
えつらんしつ
閲覧室
에츠란시츠

**서가**
しょか
書架
쇼카

**시청각자료**
しちょうかくしりょう
視聴覚資料
시쵸-카쿠시료-

**대출증**
かしだししょう
貸出証
카시다시쇼-

**연체**
えんたい
延滞
엔타이

**대출정지**
かしだしていし
貸出停止
카시다시테-시

**신간**
しんかん
新刊
싱칸

**소설**
しょうせつ
小説
쇼-세츠

**수필**
ずいひつ
随筆
즈이히츠

**에세이**
エッセー
엣세-

**그림책**
えほん
絵本
에홍

연체하면 어떻게 되나요?
えんたい
延滞したら、どうなりますか。
엔타이시타라 도-나리마스카

**사진집**
しゃしんしゅう
写真集
샤신슈-

**시집**
ししゅう
詩集
시슈-

**문고**
ぶんこ
文庫
붕코

**아동서**
じどうしょ
児童書
지도-쇼

**도서신청**
としょ と よ
図書の取り寄せ
토쇼노토리요세

**사서**
ししょ
司書
시쇼

**휴관일**
きゅうかん び
休館日
큐-캄비

**개관시간**
かいかん じ かん
開館時間
카이칸지칸

**폐관시간**
へいかん じ かん
閉館時間
헤-칸지칸

**반납함**
ブックポスト
북쿠포스토

**주간지**
しゅうかん し
週刊誌
슈-칸시

**도서검색**
としょ けんさく
図書検索
토쇼켄사쿠

도서관 휴관일은 매주 월요일이고 공휴일과 겹치면 다음날 쉽니다.
と しょかん きゅうかん び まいしゅうげつようび しゅくじつ かさ ばあい よくじつ
**図書館の休館日は毎週月曜日で、祝日と重なった場合は翌日に**
やす
**休みます。**
토쇼칸노 큐-캄비와 마이슈- 게츠요-비데 슈쿠지츠토 카사낫타 바아이와 요쿠지츠니 야스미마스

**세탁기**
せんたくき
洗濯機
센타쿠키

**건조기**
かんそうき
乾燥機
칸소-키

**다리미**
アイロン
아이롱

**다림질하다**
アイロンをかける
아이롱오카케루

**재봉틀**
ミシン
미싱

**세탁소**
クリーニング屋
쿠리-닝구야

**빨래방**
コインランドリー
코인란도리-

**세탁물**
せんたくもの
洗濯物
센타쿠모노

**세탁물을 찾다**
せんたくもの と
洗濯物を取る
센타쿠모노오토루

**드라이클리닝**
クリーニング
쿠리-닝구

**드라이클리닝을
맡기다**
クリーニングに
だ
出す
쿠리-닝구니다스

**세탁비**
だい
クリーニング代
쿠리-닝구다이

---

이 코트 소매를 조금 줄이고 드라이클리닝 부탁합니다.

そで すこ みじか                ねが
このコートの袖を少し短くして、クリーニングをお願いします。
코노 코-토노 소데오 스코시 미지카쿠시테 쿠리-닝구오 오네가이시마스

**물빨래**
水洗い
미즈아라이

**손빨래**
手洗い
테아라이

**세제**
洗剤
센자이

**섬유유연제**
柔軟剤
쥬ー난자이

**얼룩**
染み
시미

**때, 더러움**
汚れ
요고레

**옷감**
生地
키지

**옷감이 상하다**
生地が傷む
키지가이타무

**(옷감이)줄어들다
/ 늘어나다**
縮む / 伸びる
치지무 / 노비루

**수선**
直す
나오스

**기장을 줄이다**
丈を詰める
타케오츠메루

**찢어지다**
破れる
야부레루

드라이클리닝 했는데 때가 깨끗하게 안 빠졌는데요.

## クリーニングをしたのに、汚れがきれいに落ちていないんですが。

쿠리ー닝구오 시타노니 요고레가 키레ー니 오치테 이나인데스가

### 방을 빌리다
部屋を借りる
헤야오카리루

### 방을 찾다
部屋を探す
헤야오사가스

### 집주인
大家さん
오-야상

### 보증금
敷金
시키킹

### 사례금
礼金
레-킹

### 집세
家賃
야칭

### 계약금 / 착수금
頭金 / 手付け金
아타마킹 / 테츠케킹

### 단독주택
一戸建て
익코다테

### 아파트
アパート
아파-토

### 맨션
マンション
만숀

### 신축맨션
新築マンション
신치쿠만숀

### 중고맨션
中古マンション
츄-코만숀

집세가 좀 비싸서 그러는데 좀 더 싸고 깨끗한 방은 없나요?

ちょっと家賃が高いので、もう少し安くてきれいな部屋はありませんか。

촛토 야칭가 타가이노데 모-스코시 야스쿠테 키레-나 헤야와 아리마셍카

206

**위약금**
<ruby>違約金<rt>い やくきん</rt></ruby>
이야쿠킹

**인감증명서**
<ruby>印鑑証明書<rt>いんかんしょうめいしょ</rt></ruby>
잉칸쇼-메-쇼

**인테리어**
インテリア
인테리아

**단층집**
<ruby>平屋<rt>ひら や</rt></ruby>
히라야

**해제조건**
<ruby>解除条件<rt>かいじょじょうけん</rt></ruby>
카이죠죠-켄

**매입보증**
<ruby>買い取り保証<rt>か と ほしょう</rt></ruby>
카이토리호쇼-

**해약**
<ruby>解約<rt>かい やく</rt></ruby>
카이야쿠

**화재보험료**
<ruby>火災保険料<rt>かさいほけんりょう</rt></ruby>
카사이호켄료-

**가등기**
<ruby>仮登記<rt>かり とう き</rt></ruby>
카리토-키

**공익비**
<ruby>共益費<rt>きょうえき ひ</rt></ruby>
쿄-에키히

**갱신료**
<ruby>更新料<rt>こう しんりょう</rt></ruby>
코-신료-

**중개수수료**
<ruby>仲介手数料<rt>ちゅうかい て すうりょう</rt></ruby>
츄-카이테스-료-

중개수수료는 집세의 1개월분입니다.
<ruby>仲介手数料<rt>ちゅうかい て すうりょう</rt></ruby>は<ruby>家賃<rt>や ちん</rt></ruby>の<ruby>一ヶ月分<rt>いっか げつぶん</rt></ruby>です。
츄-카이테스-료-와 야칭노 익카게츠분데스

**설립**
せつりつ
設立
세츠리츠

**자본**
し ほん
資本
시혼

**창립자**
そうりつしゃ
創立者
소-리츠샤

**본사 / 지사**
ほんしゃ   し しゃ
本社 / 支社
혼샤 / 시샤

**고용주**
やと   ぬし
雇い主
야토이누시

**종업원**
じゅうぎょういん
従業員
쥬-교-인

**경영**
けいえい
経営
케-에-

**노동조합**
ろう どう くみ あい
労働組合
로-도-쿠미아이

**투자**
とう し
投資
토-시

**흑자**
くろ じ
黒字
쿠로지

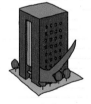

**적자**
あか じ
赤字
아카지

**거래**
と ひ
取り引き
토리히키

다음 달 나고야지사로 전근 가.
らいげつ   な ご や ししゃ   てんきん
来月、名古屋支社に転勤するんだ。
라이게츠 나고야시샤니 텡킨스룬다

208

**일**
し ごと
仕事
시고토

**월급**
きゅうりょう
給料
큐ー료ー

보너스, 상여금
ボーナス
보ー나스

**출근**
しゅっきん
出勤
슉킨

**결근**
けっきん
欠勤
켁킨

**승진**
しょうしん
昇進
쇼ー신

**은퇴**
いんたい
隠退
인타이

**고용**
こ よう
雇用
코요ー

**면접**
めんせつ
面接
멘세츠

**사직**
じ しょく
辞職
지쇼쿠

**파산**
は さん
破産
하산

**합병**
がっぺい
合併
갑페ー

Part 05

사회와 국가

보너스가 30%나 삭감되었습니다.
さくげん
# ボーナスが30%も削減されました。
보ー나스가 산쥬ー퍼ー센토모 사쿠겐사레마시타

**회장**
かいちょう
会長
카이쬬-

**사장**
しゃちょう
社長
샤쬬-

**대표이사**
だいひょうとりしまりやく
代表取締役
다이효-토리시마리야쿠

**부사장**
ふくしゃちょう
副社長
후쿠샤쬬-

**전무**
せんむ
専務
셈무

**상무**
じょうむ
常務
쬬-무

**이사**
りじ
理事
리지

**부장**
ぶちょう
部長
부쬬-

**차장**
じちょう
次長
지쬬-

**과장**
かちょう
課長
카쬬-

**계장**
かかりちょう
係長
카카리쬬-

**대리**
だいり
代理
다이리

부장님이 독감으로 결근하셨어요.
ぶちょう　　　　　　　　　　　　　けっきん
部長がインフルエンザで欠勤しました。
부쬬-가 잉후루엔자데 켁킨시마시타

**주임**
しゅ にん
主任
슈닌

**사원**
しゃ いん
社員
샤인

**신입사원**
しんにゅうしゃ いん
新入社員
신뉴-샤인

**상사**
じょう し
上司
죠-시

**동료**
どうりょう
同僚
도-료-

**부하**
ぶ か
部下
부카

**사무장**
じ む ちょう
事務長
지무쵸-

**관리자**
かん り しゃ
管理者
칸리샤

**중역**
じゅうやく
重役
쥬-야쿠

**고문**
こ もん
顧問
코몬

**조수**
じょ しゅ
助手
죠슈

**비서**
ひ しょ
秘書
히쇼

동료가 바리스타가 되기 위해 회사를 그만뒀어.
どうりょう                      かいしゃ や
同僚がバリスタになるために会社を辞めたんだ。
도-료-가 바리스타니 나루타메니 카이샤오 야메탄다

211

**사장실**
しゃちょうしつ
社長室
샤쵸-시츠

**비서실**
ひ しょ しつ
秘書室
히쇼시츠

**총무부**
そう む ぶ
総務部
소-무부

**인사부**
じん じ ぶ
人事部
진지부

**경리부**
けい り ぶ
経理部
케-리부

**기획부**
き かく ぶ
企画部
키카쿠부

**감사부**
かん さ ぶ
監査部
칸사부

**영업부**
えいぎょう ぶ
営業部
에-교-부

**구매부**
こうばい ぶ
購買部
코-바이부

**법무부**
ほう む ぶ
法務部
호-무부

**해외영업부**
かいがいえいぎょう ぶ
海外営業部
카이가이에-교-부

**관리부**
かん り ぶ
管理部
칸리부

---

저는 무역회사의 총무부에서 근무하고 있습니다.
わたし ぼうえきがいしゃ そう む ぶ はたら
私は貿易会社の総務部で働いています。
와타시와 보-에키가이샤노 소-무부데 하타라이테이마스

212

**개발부**
かいはつぶ
**開発部**
카이하츠부

**마케팅부**
ぶ
**マーケティング部**
마-케팅구부

**회계부**
かいけい ぶ
**会計部**
카이케-부

**자금부**
し きん ぶ
**資金部**
시킴부

**연구실**
けんきゅうしつ
**研究室**
켕큐-시츠

**홍보부**
こう ほう ぶ
**広報部**
코-호-부

**무역부**
ぼうえき ぶ
**貿易部**
보-에키부

**수출부**
ゆ しゅつ ぶ
**輸出部**
유슈츠부

**제조부**
せいぞう ぶ
**製造部**
세-조-부

**경영전략부**
けいえいせんりゃく ぶ
**経営戦略部**
케-에-센랴쿠부

**조달과**
ちょうたつ か
**調達課**
쵸-타츠카

**판매촉진부**
はんばい そくしん ぶ
**販売促進部**
함바이소쿠심부

Part 05 사회와 국가

연구실은 늘 바빠서 시간 외 근무가 많습니다.
けんきゅうしつ       いそが       ざんぎょう   おお
## 研究室はいつも忙しくて、残業が多いです。
켕큐-시츠와 이츠모 이소가시쿠테 장교-가 오-이데스

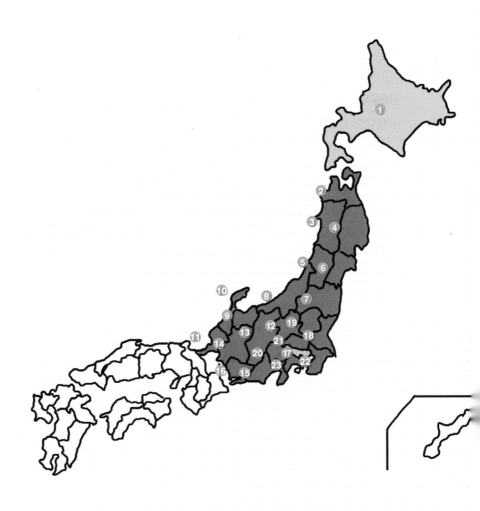

홋가이도에 가면 게요리는 꼭 먹어야합니다.

北海道にいくとカニ料理は必ず食べなければなりません。

혹카이도-니 이쿠토 카니료-리와 카나라즈 타베나케레바나리마셍

**1도1도2부43현**
と どう ふ けん
1都1道2府43県
잇토이치도-니후요주산켄

**❶ 홋카이도**
ほっかいどう
北海道
혹카이도-

**❷ 아오모리현**
あお もり けん
青森県
아오모리켄

**❸ 아키타현**
あき た けん
秋田県
아키타켄

**❹ 이와테현**
いわ て けん
岩手県
이와테켄

**❺ 야마가타현**
やまがたけん
山形県
야마가타켄

**❻ 미야기현**
みや ぎ けん
宮城県
미야기켄

**❼ 후쿠시마현**
ふく しま けん
福島県
후쿠시마켄

**❽ 니가타현**
にいがたけん
新潟県
니-가타켄

**❾ 토야마현**
と やまけん
富山県
토야마켄

**❿ 이시카와현**
いしかわけん
石川県
이시카와켄

**⓫ 후쿠이현**
ふく い けん
福井県
후쿠이켄

**⓬ 야마나시현**
やまなしけん
山梨県
야마나시켄

**⓭ 나가노현**
なが の けん
長野県
나가노켄

**⓮ 기후현**
ぎ ふ けん
岐阜県
기후켄

**⓯ 시즈오카현**
しずおかけん
静岡県
시즈오카켄

**⓰ 아이치현**
あい ち けん
愛知県
아이치켄

**⓱ 도쿄도**
とうきょう と
東京都
토-쿄-토

**이바라키현**
いばら き けん
茨城県
이바라키켄

**토치기현**
とち ぎ けん
栃木県
토치기켄

**⓴ 군마현**
ぐん ま けん
群馬県
군마켄

**사이타마현**
さいたまけん
埼玉県
사이타마켄

**치바현**
ち ば けん
千葉県
치바켄

**가나가와현**
か ながわけん
神奈川県
카나가와켄

그녀는 이바라키현에서 태어나서 70년이 지난 지금까지도 살고 있습니다.
かのじょ いばら き けん う ねん す いま く
彼女は茨城県で生まれて、70年が過ぎた今も暮しています。
카노죠와 이바라키켄데 우마레테 나나쥬-넹가 스기타 이마모 쿠라시테이마스

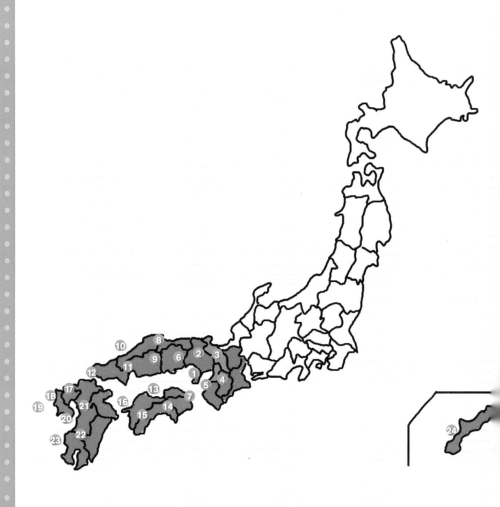

올해는 오키나와를 방문하는 외국인이 작년에 비해 감소했습니다.

今年は沖縄に訪れる外国人が去年に比べて減少しました。

코토시와 오키나와니 오토즈레루 가이코쿠진가 쿄넨니 쿠라베테 겐쇼―시마시타

216

**①오사카부**
おおさか ふ
大阪府
오-사카후

**②교토부**
きょうと ふ
京都府
쿄-토후

**③시가현**
し が けん
滋賀県
시가켄

**④미에현**
み え けん
三重県
미에켄

**⑤나라현**
な ら けん
奈良県
나라켄

**⑥효고현**
ひょうご けん
兵庫県
효-고켄

**⑦와카야마현**
わ か やまけん
和歌山県
와카야마켄

**⑧돗토리현**
とっ とり けん
鳥取県
톳토리켄

**⑨오카야마현**
おかやまけん
岡山県
오카야마켄

**⑩시마네현**
しま ね けん
島根県
시마네켄

**⑪히로시마현**
ひろしまけん
広島県
히로시마켄

**⑫야마구치현**
やまぐちけん
山口県
야마구치켄

**⑬카가와현**
か がわけん
香川県
카가와켄

**⑭도쿠시마현**
とくしまけん
徳島県
톡시마켄

**⑮코치현**
こう ち けん
高知県
코-치켄

**⑯에히메현**
え ひめけん
愛媛県
에히메켄

**⑰후쿠오카현**
ふくおかけん
福岡県
후쿠오카켄

**⑱사가현**
さ が けん
佐賀県
사가켄

**⑲나가사키현**
ながさき けん
長崎県
나가사키켄

**⑳구마모토현**
くま もとけん
熊本県
쿠마모토켄

**㉑오이타현**
おおいたけん
大分県
오-이타켄

**㉒미야자키현**
みやざきけん
宮崎県
미야자키켄

**㉓가고시마현**
か ご しまけん
鹿児島県
카고시마켄

**㉔오키나와현**
おきなわけん
沖縄県
오키나와켄

나라의 추천할만한 관광지나 기념품을 소개해 주세요..
な ら         かんこうち      みやげ しょうかい
奈良のお勧めの観光地やお土産を紹介してください。
나라노 오스스메노 캉코-치야 오미야게오 쇼-카이시테쿠다사이

**한국**
かんこく
韓国
캉코쿠

**일본**
にほん
日本
니혼

**중국**
ちゅうごく
中国
쥬-고쿠

**미국**
アメリカ
아메리카

**캐나다**
カナダ
카나다

**프랑스**
フランス
후란스

**이탈리아**
イタリア
이타리아

**독일**
ドイツ
도이츠

**벨기에**
ベルギー
베루기-

**러시아**
ロシア
로시아

**말레이시아**
マレーシア
마레-시아

**아르헨티나**
アルゼンチン
아루젠친

그녀는 일본사람인데 꼭 한국사람처럼 한국말을 잘 합니다.

かのじょ　に ほんじん　　　　　　　　 かんこくじん　　　　　 かんこく ご　とく い
彼女は日本人ですが、まるで韓国人のように韓国語が得意です。

카노죠와 니혼진데스가 마루데 캉코쿠진노 요-니 캉코쿠고가 토쿠이데스

| 스페인 | 우루과이 | 대만 | 온두라스 |
|---|---|---|---|
| スペイン | ウルグアイ | たいわん<br>台湾 | ホンジュラス |
| 스페인 | 우루-구아이 | 타이완 | 혼주라스 |

| 아이슬란드 | 헝가리 | 불가리아 | 체코 |
|---|---|---|---|
| アイスランド | ハンガリー | ブルガリア | チェコ |
| 아이스란도 | 항가리- | 부루가리아 | 체코 |

| 덴마크 | 슬로바키아 | 슬로베니아 | 몽골 |
|---|---|---|---|
| デンマーク | スロバキア | スロベニア | モンゴル |
| 뎀마-쿠 | 스로바키아 | 스로베니아 | 몽고루 |

코펜하겐은 덴마크의 수도입니다.

しゅ と
コペンハーゲンはデンマークの首都です。

코펭하-겡와 뎀마-쿠노 슈토데스

**스위스**

スイス

스이스

**네덜란드**

オランダ

오란다

**그리스**

ギリシャ

기리샤

**우크라이나**

ウクライナ

우쿠라이나

**카자흐스탄**

カザフスタン

카자후스탄

**알바니아**

アルバニア

아루바니아

**영국**

イギリス

이기리스

**라오스**

ラオス

라오스

**필리핀**

フィリピン

휘리핀

**칠레**

チリ

치리

**캄보디아**

カンボジア

캄보지아

**싱가포르**

シンガポール

싱가포―루

언젠가 그리스에 꼭 가보고 싶습니다.

いつかギリシャにぜひ行ってみたいです。

이츠카 기리샤니 제히 잇테미타이데스

220

**호주**
オーストラリア
오-스토라리아

**남아프리카**
みなみ
南アフリカ
미나미아후리카

**알제리**
アルジェリア
아루제리아

**앙골라**
アンゴラ
앙고라

**우간다**
ウガンダ
우간다

**이집트**
エジプト
에지푸토

**에티오피아**
エチオピア
에치오피아

**에리트레아**
エリトリア
에리토리아

**가나**
ガーナ
가-나

**가봉**
ガボン
가봉

**카메룬**
カメルーン
카메루-운

**카타르**
カタール
카타-루

고대 이집트인은 동물도 미라로 만들었다고 합니다.
こ だい　　　　　 じん　 どうぶつ
古代エジプト人は動物もミイラにしたそうです。
코다이 에지푸토진와 도-부츠모 미-라니 시타소-데스

**감비아**
ガンビア
감비아

**기니**
ギニア
기니아

**케냐**
ケニア
케니아

**코모로**
コモロ
코모로

**콩고공화국**
コンゴ共和国
콩고쿄－와코쿠

**북한**
北朝鮮
키타쵸－센

**잠비아**
ザンビア
잠비아

**터키**
トルコ
토루코

**시리아**
シリア
시리아

**이라크**
イラク
이라쿠

**사우디아라비아**
サウジアラビア
사우지아라비아

**이란**
イラン
이란

---

그녀는 터키에서 유학한 경험이 있어서 누구보다 터키에 대해 잘 압니다.

彼女はトルコに留学した経験があるので、誰よりもトルコについ
てよく知っています。

카노조와 토루코니 류－가쿠시타 케－켄가아루노데 다레요리모 토루코니 츠이테 요쿠 싯테이마스

**네팔**
ネパール
네파-루

**인도**
インド
인도

**스리랑카**
スリランカ
스리랑카

**베트남**
ベトナム
베토나무

**미얀마**
ミャンマー
먄마-

**인도네시아**
インドネシア
인도네시아

**몰디브**
モルディブ
모루디부

**예멘**
イエメン
이에멘

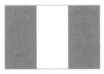

**바레인**
バーレーン
바-레-엔

**아랍에미리트**
しゅちょうこくれんぽう
アラブ首長国連邦
아라부슈쵸-코쿠렘포-

**나이지리아**
ナイジェリア
나이제리아

**멕시코**
メキシコ
메키시코

연말에 오토바이를 타고 베트남여행을 할 생각입니다.
ねんまつ　　　　　　　　の　　　　　　　　　　　　りょ こう
年末にバイクに乗って、ベトナム旅行をするつもりです。
넴마츠니 바이크니 놋테 베토나무 료코-오 스루츠모리데스

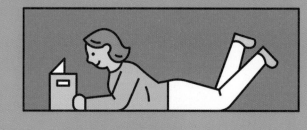

# 컴팩트 단어장

## Unit 01 가족 家族　　　　　　　　　　　16쪽

| 가족 | • 자기 가족을 남에게 말할 때<br>家族 | 카조쿠 |
| | • 남의 가족을 부를 때<br>ご家族 | 고카조쿠 |
| 부모, 어버이 | • 자기 가족을 남에게 말할 때<br>両親 | 료-신 |
| | • 남의 가족을 부를 때<br>ご両親 | 고료-신 |
| 할아버지 | • 자기 가족을 남에게 말할 때<br>祖父 | 소후 |
| | • 남의 가족을 부를 때 & 자기<br>가족을 직접 부를 때<br>おじいさん | 오지-상 |
| 할머니 | • 자기 가족을 남에게 말할 때<br>祖母 | 소보 |
| | • 남의 가족을 부를 때 & 자기<br>가족을 직접 부를 때<br>おばあさん | 오바-상 |
| 아빠, 아버지 | • 자기 가족을 남에게 말할 때<br>父 | 치치 |
| | • 남의 가족을 부를 때 & 자기<br>가족을 직접 부를 때<br>お父さん | 오토-상 |
| 엄마, 어머니 | • 자기 가족을 남에게 말할 때<br>母 | 하하 |
| | • 남의 가족을 부를 때 & 자기<br>가족을 직접 부를 때<br>お母さん | 오카-상 |
| 남편 | • 자기 가족을 남에게 말할 때<br>夫 / 主人 | 옷토 / 슈징 |
| | • 남의 가족을 부를 때<br>ご主人 | 고슈징 |
| 아내, 부인 | • 자기 가족을 남에게 말할 때<br>妻 / 家内 | 츠마 / 카나이 |
| | • 남의 가족을 부를 때<br>奥さん | 옥상 |
| 형 / 오빠 | • 자기 가족을 남에게 말할 때<br>兄 | 아니 |
| | • 남의 가족을 부를 때 & 자기<br>가족을 직접 부를 때<br>お兄さん | 오니-상 |
| 누나 / 언니 | • 자기 가족을 남에게 말할 때<br>姉 | 아네 |
| | • 남의 가족을 부를 때 & 자기<br>가족을 직접 부를 때<br>お姉さん | 오네-상 |

| 남동생 | • 자기 가족을 남에게 말할 때<br>弟 | 오토-토 |
| | • 남의 가족을 부를 때<br>弟さん | 오토-토상 |
| 여동생 | • 자기 가족을 남에게 말할 때<br>妹 | 이모-토 |
| | • 남의 가족을 부를 때<br>妹さん | 이모-토상 |
| 며느리 | 嫁 | 요메 |
| 사위 | 婿 | 무코 |
| 손자 | 孫 | 마고 |
| 손녀 | 孫娘 | 마고무스메 |
| 사촌 | いとこ | 이토코 |
| 남자조카 | 甥 | 오이 |
| 여자조카 | 姪 | 메이 |
| (외)백모,(외)숙모<br>고모,이모 | おば | 오바 |
| (외)백부,(외)숙부<br>고모부,이모부 | おじ | 오지 |
| 친척 | 親戚 | 신세키 |
| 형제자매 | 兄弟姉妹 | 쿄-다이시마이 |
| 외동딸, 외동아들 | 一人娘, 一人息子 | 히토리무스메, 히토리<br>무스코 |

## Unit 02 집① 家①　　　　　　　　　　　18쪽

| 방 | 部屋 | 헤야 |
| 일본식(다다미)방 | 和室 | 와시츠 |
| 서양식(침대)방 | 洋室 | 요-시츠 |
| 침실 | 寝室 | 신시츠 |
| 아이방 | 子供部屋 | 코도모베야 |
| 욕실 | 浴室 / バスルーム | 요쿠시츠 / 바스루-무 |
| 화장실 | お手洗い / トイレ | 오테아라이 / 토이레 |
| 샤워실 | シャワー室 | 샤와-시츠 |
| 주방, 부엌 | 台所 | 다이도코로 |
| 거실 | 居間 / リビング | 이마 / 리빙구 |
| 응접실 | 応接間 | 오-세츠마 |
| 서재 | 書斎 | 쇼사이 |
| 작업실 | 仕事部屋 | 시고토베야 |
| 공부방 | 勉強部屋 | 벵쿄베야 |
| 손님방 | 客間 | 캬쿠마 |
| 벽장 | 押し入れ | 오시이레 |
| 다락(방) | 屋根裏 | 야네우라 |

| | | |
|---|---|---|
| 옷방(드레스룸) | ドレスルーム | 도레스루-무 |
| 다용도실 | 便利室 べんりしつ | 벤리시츠 |
| 다도방 | 茶室 ちゃしつ | 챠시츠 |
| 복도 | 廊下 ろうか | 로-카 |
| 창고 | 倉庫 そうこ | 소-코 |
| 지하실 | 地下室 ちかしつ | 치카시츠 |
| 차고 | 車庫 しゃこ | 샤코 |
| 베란다 | ベランダ | 베란다 |
| 현관 | 玄関 げんかん | 겡칸 |

## Unit 03 집② 家② いえ 　　　　　　　　　　20쪽

| | | |
|---|---|---|
| 위층 | 上階 じょうかい | 죠-카이 |
| 아래층 | 下層 かそう | 카소- |
| 계단 | 階段 かいだん | 카이단 |
| 대문 | 大門 / 大門 おおもん だいもん | 오-몬 / 다이몬 |
| 창문 | 窓 まど | 마도 |
| 정원, 마당 | 庭 にわ | 니와 |
| 잔디 | 芝生 しばふ | 시바후 |
| 정원수 | 庭木 / 役木 にわき やくぼく | 니와키 / 야쿠보쿠 |
| 정원석 | 庭石 にわいし | 니와이시 |
| 연못 | 池 いけ | 이케 |
| 옥상 | 屋上 おくじょう | 오쿠죠- |
| 테라스 | テラス | 테라스 |
| 굴뚝 | 煙突 えんとつ | 엔토츠 |
| 지붕 | 屋根 やね | 야네 |
| 울타리 | 垣根 かきね | 카키네 |
| 담 | 塀 へい | 헤- |
| 벽 | 壁 かべ | 카베 |
| 기둥 | 柱 はしら | 하시라 |
| 마루 | 床 ゆか | 유카 |
| 천장 | 天井 てんじょう | 텐죠- |
| 도어락 | 電子錠 / デジタルロ でんしじょう ック | 덴시죠- / 데지타 루록쿠 |
| 문패 | 表札 ひょうさつ | 효-사츠 |
| 우편함 | 郵便受け ゆうびんう | 유-빙우케 |
| 초인종 | 呼び鈴 よりん | 요비링 |

## Unit 04 침실 寝室 しんしつ 　　　　　　　　　　22쪽

| | | |
|---|---|---|
| 침대 | ベッド | 벳도 |

| | | |
|---|---|---|
| 매트리스 | マットレス | 맛토레스 |
| 침대보 | ベッドカバー | 벳도카바- |
| 전기스탠드 | 電気スタンド でんき | 뎅키스탄도 |
| 협탁, 침대 옆 보 조탁자 | サイドテーブル | 사이도테-부루 |
| 담요 | 毛布 もうふ | 모-후 |
| 블라인드 | ブラインド | 브라인도 |
| 옷장 | たんす | 탄스 |
| 서랍 | 引き出し ひだ | 히키다시 |
| 옷걸이 | (スタンド)ハンガー | (스탄도)항가- |
| 책꽂이 | 本棚 ほんだな | 혼다나 |
| 아기침대, 요람 | 揺り篭 ゆかご | 유리카고 |
| 가습기 | 加湿器 かしつき | 카시츠키 |
| 책상 | 机 つくえ | 츠쿠에 |
| 의자 | 椅子 いす | 이스 |
| 화장대 | 化粧台 けしょうだい | 케쇼-다이 |
| 화장품 | 化粧品 けしょうひん | 케쇼-힝 |
| 이불 | 布団 ふとん | 후통 |
| 베개 | 枕 まくら | 마쿠라 |
| 전등 | 電灯 でんとう | 덴토- |
| 스위치 | スイッチ | 스잇치 |
| 알람시계 | 目覚まし時計 めざ どけい | 메자마시도케- |
| 잠옷 | パジャマ | 파쟈마 |
| 슬리퍼 | スリッパ | 스립파 |

## Unit 05 욕실 浴室 よくしつ /バスルーム 　　　　　24쪽

| | | |
|---|---|---|
| 욕실매트 | 浴室マット よくしつ | 요쿠시츠맛토 |
| 욕조완구 | バスおもちゃ | 바스오모쨔 |
| 욕조 | 浴槽 よくそう | 요쿠소- |
| 빗 | 櫛 くし | 쿠시 |
| 샤워가운 | シャワーガウン | 샤와-가운 |
| 전기면도기 | 電気剃刀 でんきかみそり | 뎅키카미소리 |
| 수도꼭지 | 蛇口 じゃぐち | 쟈구치 |
| 거울 | 鏡 かがみ | 카가미 |
| 환기구 | 換気口 かんきこう | 캉키코- |
| 체중계 | 体重計 たいじゅうけい | 타이쥬-케- |
| 면도용 크림 | シェービングクリー ム | 쉐-빙구쿠리-무 |
| 샤워기 | シャワー | 샤와- |

| 휴지 | トイレットペーパー | 토이렛토페-파- |
| 칫솔 | 歯ブラシ | 하부라시 |
| 치약 | 歯磨き粉 | 하미가키코 |
| 세면기 | 洗面器 | 셈멩키 |
| 수건 | タオル | 타오루 |
| 좌변기 | 便器 | 벵키 |
| 샴푸 | シャンプー | 샴푸- |
| 헤어컨디셔너 | ヘアコンディショナー | 헤아콘디쇼나 |
| 비누 | 石鹸 | 섹켄 |
| 드라이기 | ドライヤー | 도라이야- |
| 수건걸이 | タオル掛け | 타오루카케 |
| 배수관 | 排水溝 | 하이스이코- |

## Unit 06 거실 居間/リビング 26쪽

| 소파 | ソファー | 소화- |
| 쿠션 | クッション | 쿳숀 |
| 코타츠 테이블 | こたつ | 코타츠 |
| 방석 | 座布団 | 자부통 |
| 장식장 | 飾り棚 | 카자리다나 |
| 샹들리에 | シャンデリア | 샨데리아 |
| 벽난로 | 暖炉 | 단로 |
| 꽃병 | 花瓶 | 카빙 |
| 벽지 | 壁紙 | 카베가미 |
| 액자 | 額縁 | 가쿠부치 |
| 시계 | 時計 | 토케- |
| 커튼 | カーテン | 카-텐 |
| 달력 | カレンダー | 카렌다- |
| 안마의자 | マッサージチェア | 맛사-지체아 |
| 에어컨 | エアコン | 에아콩 |
| 라디오 | ラジオ | 라지오 |
| 청소기 | 掃除機 | 소-지키 |
| 텔레비전 | テレビ | 테레비 |
| 리모컨 | リモコン | 리모콩 |
| 콘센트 | コンセント | 콘센토 |
| 카펫 | カーペット | 카-펫토 |
| 전화기 | 電話機 | 뎅와키 |
| 컴퓨터 | パソコン | 파소콩 |
| 공기청정기 | 空気清浄器 | 쿠-키세-죠-키 |

## Unit 07 생활용품 日用品/生活雑貨 28쪽

| 다리미 | アイロン | 아이롱 |
| 재봉틀 | ミシン | 미싱 |
| 바늘 | 針 | 하리 |
| 실 | 糸 | 이토 |
| 가위 | はさみ | 하사미 |
| 손톱깎이 | 爪切り | 츠메키리 |
| 대걸레 | モップ | 몹푸 |
| 양동이 | バケツ | 바케츠 |
| 빗자루 | 箒 | 호-키 |
| 쓰레받기 | ちり取り | 치리토리 |
| 우산 / 양산 | 傘 / 日傘 | 카사 / 히가사 |
| 선풍기 | 扇風機 | 셈푸-키 |
| 카메라 | カメラ | 카메라 |
| 티슈 케이스 | ティッシュケース | 팃슈케-스 |
| 손전등 | 壊中電灯 | 카이쮸-덴토- |
| 전지 | 電池 | 덴치 |
| 초 | 蝋燭 / キャンドル | 로-소쿠 / 캰도루 |
| 라이터 | ライター | 라이타- |
| 열쇠 | 鍵 | 카기 |
| 제습제 | 除湿剤 | 죠시츠자이 |
| 우산꽂이 | 傘立て | 카사타테 |
| 망치, 못 | ハンマー, 釘 | 함마-, 쿠기 |
| 디퓨저 | ディフューザー | 디휴-자- |
| 재떨이 | 灰皿 | 하이자라 |

## Unit 08 주방용품① キッチン用品① 30쪽

| 전기밥솥 | 電気炊飯器 | 뎅키스이항키 |
| 식탁, 테이블 | テーブル | 테-부루 |
| 식탁보 | テーブルクロス | 테-부루쿠로스 |
| 밥상 | ちゃぶ台 | 챠부다이 |
| 찬장 | 食器棚 | 속키다나 |
| 계량컵 | 計量カップ | 케-료-캅푸 |
| 가스레인지 | ガスレンジ | 가스렌지 |
| 환기팬 | 換気扇 | 캉키센 |
| 싱크대 | 流し台 | 나가시다이 |
| 고무장갑 | ゴム手袋 | 고무테부쿠로 |
| 수세미 | 束子 | 타와시 |

| 주방세제 | キッチン用洗剤 | 킷친요-센자이 |
| 행주 | 布巾 | 후킹 |
| 냉장고 | 冷蔵庫 | 레-조-코 |
| 냉동고 | 冷凍庫 | 레-토-코 |
| 앞치마 | エプロン | 에푸론 |
| 도마 | まな板 | 마나이타 |
| 칼 | 包丁 | 호-쵸- |
| 전자레인지 | 電子レンジ | 덴시렌지 |
| 믹서기 | ミキサー | 믹사- |
| 오븐 | オーブン | 오-분 |
| 식기세척기 | 食器洗浄機 | 쇽키센죠-키 |
| 토스터기 | トースター | 토-스타- |
| 전기포트 | 電気ポット | 뎅키폿토 |

## Unit 09 주방용품② キッチン用品②     32쪽

| 냄비 | 鍋 | 나베 |
| 압력솥 | 圧力鍋 | 아츠료쿠나베 |
| 곰솥 | 寸胴 | 즌도- |
| 편수중화팬 | 北京鍋 | 페킨나베 |
| 프라이팬 | フライパン | 후라이판 |
| 주전자 | やかん | 야캉 |
| 사발 | ボール | 보-루 |
| 큰 접시 | 大皿 | 오-자라 |
| 작은 접시, 앞접시 | 小皿 | 코자라 |
| 냄비받침 | 鍋敷き | 나베시키 |
| 간장접시 | 醤油皿 | 쇼-유자라 |
| 술병 | 徳利 | 토쿠리 |
| 작은 술잔 | お猪口 | 오쵸코 |
| 국자 | お玉 | 오타마 |
| 뒤집개 | フライ返し | 후라이가에시 |
| 밥주걱 | 杓文字 | 샤모지 |
| 젓가락받침대 | 箸置き | 하시오키 |
| 우동숟가락 | れんげ | 렝게 |
| 면 건지기 | てぼ | 테보 |
| 된장 거름망 | 味噌こし | 미소코시 |
| 쟁반 | トレイ | 토레이 |
| 젓가락 | 箸 | 하시 |
| 포크 | フォーク | 훠-쿠 |

| 숟가락 | スプーン | 스푸-운 |

## Unit 10 주방용품③ キッチン用品③     34쪽

| 거품기 | 泡だて器 | 아와다테키 |
| 주방가위 | キッチンバサミ | 킷친바사미 |
| 쌀통 | 米びつ | 코메비츠 |
| 필러 | ピーラー | 피-라- |
| 채칼, 슬라이서 | スライサー | 스라이사- |
| 주방집게 | トング | 통구 |
| 찜통 | 蒸し器 | 무시키 |
| 유리컵 | ガラスコップ | 가라스콥푸 |
| 머그컵 | マグカップ | 마구캅푸 |
| 알루미늄 호일 | アルミホイル | 아루미호이루 |
| 랩 | ラップ | 랍푸 |
| 키친 타올 | キッチンタオル | 킷친타오루 |
| 병따개 | 栓抜き | 센누키 |
| 보존용기 | 保存容器 | 호종요-키 |
| 도시락 통 | 弁当箱 | 벤토-바코 |
| 커피메이커 | コーヒーメーカー | 코-히-메-카- |
| 저울 | クッキングスケール | 쿡킹구스케-루 |
| 쓰레기통 | ゴミ箱 | 고미바코 |
| 유리병 | ガラス瓶 | 가라스빙 |
| 계량스푼 | 計量スプーン | 케-료-스푸-운 |
| 칼꽂이 | ナイフブロック | 나이후부록쿠 |
| 깔때기 | 漏斗 | 죠-고 |
| 보온병 | 魔法瓶 | 마호-빙 |
| 깡통 따개 | 缶切り | 캉키리 |

## Unit 11 채소① 野菜①     36쪽

| 배추 | 白菜 | 학사이 |
| 양배추 | キャベツ | 캬베츠 |
| 시금치 | ほうれん草 | 호-렌소- |
| 아스파라거스 | アスパラガス | 아스파라가스 |
| 브로콜리 | ブロッコリー | 부록코리- |
| 콜리플라워 | カリフラワー | 카리후라와- |
| 양상추 | レタス | 레타스 |
| 오이 | きゅうり | 큐-리 |
| 가지 | なす | 나스 |
| 미나리 | せり | 세리 |

| | | |
|---|---|---|
| 부추 | にら | 니라 |
| 쑥 | 蓬 | 요모기 |
| 표고버섯 | しいたけ | 시-타케 |
| 바질 | バジル | 바지루 |
| 케일 | ケール | 케-루 |
| 쑥갓 | 春菊 | 슝기쿠 |
| 대파 | ねぎ | 네기 |
| 청경채 | ちんげん菜 | 칭겐사이 |
| 비트 | ビーツ | 비-츠 |
| 레몬그라스 | レモングラス | 레몽구라스 |
| 샐러리 | セロリ | 세로리 |
| 고사리 | わらび | 와라비 |
| 쪽파 | わけぎ | 와케기 |
| 고수 잎 | パクチー / コリアンダー | 파쿠치- / 코리안다- |

## Unit 12 채소② 野菜②　　38쪽

| | | |
|---|---|---|
| 무 | 大根 | 다이콩 |
| 순무 | かぶ | 카부 |
| 양파 | 玉ねぎ | 타마네기 |
| 감자 | じゃが芋 | 쟈가이모 |
| 고구마 | さつま芋 | 사츠마이모 |
| 마 | 山芋 | 야마이모 |
| 토란 | 里芋 | 사토이모 |
| 호박 | かぼちゃ | 카보챠 |
| 여주 | ゴーヤ / 苦瓜 | 고-야 / 니가우리 |
| 연근 | れんこん | 렝콘 |
| 우엉 | ごぼう | 고보- |
| 마늘 | にんにく | 닝니쿠 |
| 생강 | しょうが | 쇼-가 |
| 갓, 겨자 | からし菜 | 카라시나 |
| 당근 | にんじん | 닝징 |
| 고추냉이 | 山葵 | 와사비 |
| 도라지 | 桔梗 | 키쿄- |
| 더덕 | 蔓人参 | 츠루닝징 |
| 토마토 | トマト | 토마토 |
| 죽순 | 竹の子 | 타케노코 |
| 고추 | 唐辛子 | 토-가라시 |
| 콩나물 | 豆萌やし | 마메모야시 |

| | | |
|---|---|---|
| 숙주 | 萌やし | 모야시 |
| 파프리카 | パプリカ | 파푸리카 |

## Unit 13 과일 果物　　40쪽

| | | |
|---|---|---|
| 사과 | りんご | 링고 |
| 배 | 梨 | 나시 |
| 복숭아 | 桃 | 모모 |
| 귤 | みかん | 미캉 |
| 감 | 柿 | 카키 |
| 딸기 | 苺 | 이치고 |
| 살구 | 杏 | 안즈 |
| 포도 | 葡萄 | 부도- |
| 수박 | 西瓜 | 스이카 |
| 유자 | 柚子 | 유즈 |
| 자두 | 李 | 스모모 |
| 참외 | まくわ瓜 | 마쿠와우리 |
| 오디 | 桑の実 | 쿠와노미 |
| 앵두 | 桜桃 | 오-토- |
| 무화과 | 無花果 | 이치지쿠 |
| 석류 | 石榴 | 자쿠로 |
| 대추 | 棗 | 나츠메 |
| 밤 | 栗 | 쿠리 |
| 자몽 | グレープフルーツ | 구레-푸후루-츠 |
| 바나나 | バナナ | 바나나 |
| 레몬 | レモン | 레몬 |
| 파인애플 | パイナップル | 파이납푸르 |
| 블루베리 | ブルーベリー | 부루-베리- |
| 아보카도 | アボカド | 아보카도 |

## Unit 14 곡물 穀物　　42쪽

| | | |
|---|---|---|
| 쌀 | 米 | 코메 |
| 백미 | 白米 | 하쿠마이 |
| 현미 | 玄米 | 겜마이 |
| 찹쌀 | もち米 | 모치고메 |
| 보리 | 麦 | 무기 |
| 밀 | 小麦 | 코무기 |
| 호밀 | ライ麦 | 라이무기 |
| 귀리 | 燕麦 / オート麦 | 엠바쿠 / 오-토무기 |
| 율무 | はとむぎ | 하토무기 |

| 콩 | 豆 (まめ) | 마메 |
| --- | --- | --- |
| 대두 | 大豆 (だいず) | 다이즈 |
| 작두콩 | なた豆 (まめ) | 나타마메 |
| 팥 | 小豆 (あずき) | 아즈키 |
| 완두 | 豌豆 (えんどう) | 엔도- |
| 녹두 | 緑豆 (りょくとう) | 료쿠토- |
| 강낭콩 | いんげん豆 (まめ) | 잉겜마메 |
| 메밀 | 蕎麦 (そば) | 소바 |
| 참깨 | 胡麻 (ごま) | 고마 |
| 들깨 | 荏胡麻 (えごま) | 에고마 |
| 조 | 粟 (あわ) | 아와 |
| 기장 | きび | 키비 |
| 땅콩 | ピーナッツ | 피-낫츠 |
| 병아리콩 | ひよこ豆 (まめ) | 히요코마메 |
| 옥수수 | とうもろこし | 토-모로코시 |

## Unit 15 육류 肉類 (にくるい)　　44쪽

| 쇠고기 | 牛肉 (ぎゅうにく) | 규-니쿠 |
| --- | --- | --- |
| 닭고기 | 鶏肉 (とりにく) | 토리니쿠 |
| 돼지고기 | 豚肉 (ぶたにく) | 부타니쿠 |
| 말고기 | 馬肉 (ばにく) | 바니쿠 |
| 양고기 | マトン | 마톤 |
| 새끼 양고기 | ラム | 라무 |
| 오리고기 | 鴨肉 (かもにく) | 카모니쿠 |
| 칠면조 | 七面鳥 (しちめんちょう) | 시치멘쵸- |
| 사슴고기 | 鹿肉 (しかにく) | 시카니쿠 |
| 소시지 | ソーセージ | 소-세-지 |
| 햄 | ハム | 하무 |
| 베이컨 | ベーコン | 베-콘 |
| 양지 | ともバラ | 토모바라 |
| 곱창 | ホルモン | 호루몬 |
| 갈비 | カルビ | 카루비 |
| 등심 | ロース | 로-스 |
| 소 혀 | タン | 탄 |
| 간 | レバー | 레바- |
| 항정살 | 豚とろ (とん) | 톤토로 |
| 삼겹살 | 豚バラ (ぶた) | 부타바라 |
| 목심 | 肩ロース (かた) | 카타로-스 |

| 닭 가슴살 | ささみ | 사사미 |
| --- | --- | --- |
| 닭 날개 | 手羽先 (てばさき) | 테바사키 |
| 닭 모래주머니 | すなぎも | 스나기모 |

## Unit 16 해산물① 海産物① (かいさんぶつ)　　46쪽

| 참치 | 鮪 (まぐろ) | 마구로 |
| --- | --- | --- |
| 멸치(멸치의 크기에 따라 부르는 이름이 달라짐) | かたくちいわし | 카타쿠치이와시 |
| 농어 | 鱸 (すずき) | 스즈키 |
| 잉어 | 鯉 (こい) | 코이 |
| 메기 | 鯰 (なまず) | 나마즈 |
| 대구 | 鱈 (たら) | 타라 |
| 방어 | 鰤 (ぶり) | 부리 |
| 갈치 | 太刀魚 (たちうお) | 타치우오 |
| 전갱이 | 鯵 (あじ) | 아지 |
| 고등어 | 鯖 (さば) | 사바 |
| 꽁치 | 秋刀魚 (さんま) | 삼마 |
| 광어 | 平目 (ひらめ) | 히라메 |
| 명태 | 明太 (めんたい) | 멘타이 |
| 연어 | 鮭 (さけ) / サーモン | 사케 / 사-몬 |
| 장어 | 鰻 (うなぎ) | 우나기 |
| 도미 | 鯛 (たい) | 타이 |
| 송어 | 鱒 (ます) | 마스 |
| 숭어 | ぼら | 보라 |
| 은어 | 鮎 (あゆ) | 아유 |
| 상어 | 鮫 (さめ) | 사메 |
| 전어 | このしろ / こはだ | 코노시로 / 코하다 |
| 붕어 | 鮒 (ふな) | 후나 |
| 정어리 | いわし | 이와시 |
| 복어 | ふぐ | 후구 |

## Unit 17 해산물② 海産物② (かいさんぶつ)　　48쪽

| 오징어 | 烏賊 (いか) | 이카 |
| --- | --- | --- |
| 가리비 | ほたて | 호타테 |
| 전복 | 鮑 (あわび) | 아와비 |
| 해삼 | なまこ | 나마코 |
| 소라 | さざえ | 사자에 |
| 골뱅이 | つぶ貝 (がい) | 츠부가이 |
| 대합 | 蛤 (はまぐり) | 하마구리 |

| 새조개 | 鳥貝 | 토리가이 |
| 게 | かに | 카니 |
| 성게알 | イクラ | 이쿠라 |
| 굴 | かき | 카키 |
| 새우 | 海老 | 에비 |
| 홍합 | 貽貝 | 이가이 |
| 키조개 | たいらぎ | 타이라기 |
| 다시마 | 昆布 | 콤부 |
| 미역 | わかめ | 와카메 |
| 김 | のり | 노리 |
| 문어 | たこ | 타코 |
| 성게 | うに | 우니 |
| 불가사리 | ひとで | 히토데 |
| 해파리 | くらげ | 쿠라게 |
| 톳 | ひじき | 히지키 |
| 다슬기 | かわにな | 카와니나 |
| 가재 | ざりがに | 자리가니 |

## Unit 18 유제품 乳製品　　　　50쪽

| 유제품 | 乳製品 | 뉴-세-힝 |
| 우유 | 牛乳 | 규-뉴- |
| 저지방우유 | 低脂肪牛乳 | 테-시보-규-뉴- |
| 고지방우유 | 高脂肪牛乳 | 코-시보-규-뉴- |
| 무지방우유 | 無脂肪牛乳 | 무시보-규-뉴- |
| 농축유 | 濃縮乳 | 노-슈쿠뉴- |
| 버터 | バター | 바타- |
| 버터밀크 | バターミルク | 바타-미루쿠 |
| 사워크림 | サワークリーム | 사와-쿠리-무 |
| 연유 | 練乳 | 렌뉴- |
| 크림 | クリーム | 쿠리-무 |
| 생크림 | 生クリーム | 나마쿠리-무 |
| 치즈 | チーズ | 치-즈 |
| 크림치즈 | クリームチーズ | 쿠리-무치-즈 |
| 리코타치즈 | リコッタチーズ | 리콧타치-즈 |
| 체더치즈 | チェダーチーズ | 체다-치-즈 |
| 까망베르치즈 | カマンベールチーズ | 카맘베-루치-즈 |
| 고다치즈 | ゴーダチーズ | 고-다치-즈 |
| 에멘탈치즈 | エメンタールチーズ | 에멘타-루치-즈 |

| 고르곤졸라치즈 | ゴルゴンゾーラチーズ | 고루곤조-라치-즈 |
| 분유 | 粉ミルク / 粉乳 | 코나미루쿠 / 훈뉴- |
| 아이스크림 | アイスクリーム | 아이스쿠리-무 |
| 젤라또 | ジェラート | 제라-토 |
| 요거트 | ヨーグルト | 요-구루토 |

## Unit 19 빵의 종류 パンの種類　　　　52쪽

| 베이글 | ベーグル | 베-구르 |
| 바게트 | バゲット | 바겟토 |
| 고로케 | コロッケ | 코롯케 |
| 소라빵 | コロネ | 코로네 |
| 팥빵 | あんパン | 암팡 |
| 시나몬롤 | シナモンロール | 시나몬로-루 |
| 멜론빵 | メロンパン | 메롬팡 |
| 도넛 | ドーナツ | 도-나츠 |
| 크로와상 | クロワッサン | 쿠로왓산 |
| 깜빠뉴 | カンパーニュ | 캄파-뉴 |
| 식빵 | 食パン | 쇼쿠팡 |
| 핫케이크 | ホットケーキ | 홋토케-키 |
| 머핀 | マフィン | 마윈 |
| 카레빵 | カレーパン | 카레-팡 |
| 난(인도·중앙아시아의 납작한 빵) | ナン | 난 |
| 프레첼 | プレッツェル | 푸렛체루 |
| 파이 | パイ | 파이 |
| 롤빵 | ロールパン | 로-루팡 |
| 파니니 | パニーニ | 파니-니 |
| 포카치아 | フォカッチャ | 훠캇챠 |
| 치아바타 | チャバッタ | 챠밧타 |
| 호밀빵 | ライ麦パン | 라이무기팡 |
| 스콘 | スコーン | 스코-온 |
| 토르티야 | トルティーヤ | 토루티-야 |

## Unit 20 양념 調味料　　　　54쪽

| 된장 | 味噌 | 미소 |
| 소금 | 塩 | 시오 |
| 설탕 | 砂糖 | 사토- |
| 식초 | 酢 | 스 |
| 간장 | 醤由 | 쇼-유 |

| 고추장 | コチュジャン | 코츄장 |
|---|---|---|
| 마요네즈 | マヨネーズ | 마요네-즈 |
| 참기름 | ごま油 | 고마아부라 |
| 물엿 | 水飴 | 미즈아메 |
| 후추 | こしょう | 코쇼- |
| 식용유 | サラダ油 | 사라다유 |
| 참깨 | ごま | 고마 |
| 핫소스 | ホットソース | 홋토소-스 |
| 케첩 | ケチャップ | 케챱푸 |
| 올리브유 | オリーブオイル | 오리-부오이루 |
| 맛술 | 味醂 | 미린 |
| 머스터드 | マスタード | 마스타-도 |
| 안초비로 만든 소스 | アンチョビソース | 안쵸비소-스 |
| 칠리소스 | チリソース | 치리소-스 |
| 타바스코 | タバスコ | 타바스코 |
| 가다랑어포 | かつお節 | 카츠오부시 |
| 우스타소스 | ウスターソース | 우스타-소-스 |
| 고추냉이 | わさび | 와사비 |
| 시치미(일본향신료) | 七味唐辛子 | 시치미토-가라시 |

## Unit 21 요리 동사 料理動詞　　　56쪽

| 굽다 | 焼く | 야쿠 |
|---|---|---|
| 데치다 | ゆがく | 유가쿠 |
| 끓이다 | 煮る | 니루 |
| 튀기다 | 揚げる | 아게루 |
| 자르다 | 切る | 키루 |
| 잘게 썰다 | 刻む | 키자무 |
| 볶다 | 炒める | 이타메루 |
| 찌다 | 蒸す | 무스 |
| 갈다(강판에) | 下ろす | 오로스 |
| 무치다 | 和える | 아에루 |
| 섞다 | まぜる | 마제루 |
| 녹이다 | 溶かす | 토카스 |
| 삶다 | 茹でる | 유데루 |
| 데우다 | 温める | 아타타메루 |
| 반죽하다 | 捏ねる | 코네루 |
| 밀다 | 伸ばす | 노바스 |

| 훈제하다 | 燻製する / 燻製にする | 쿤세-스루 / 쿤세-니스루 |
|---|---|---|
| 조리다 | 煮付ける | 니츠케루 |
| (재료를)손질하다, 미리 준비하다 | 下ごしらえする | 시타고시라에스루 |
| 물기를 빼다 | 水気を切る | 미즈케오키루 |
| (물 등에)담그다 | ひたす | 히타스 |
| 껍질을 벗기다 | 皮をむく | 카와오무쿠 |
| 다지다 | みじん切りにする | 미징기리니스루 |
| 맛보다 | 味見をする | 아지미오스루 |

## Unit 22 한국 음식 韓国料理　　　58쪽

| 김밥 | キンパプ | 킴파푸 |
|---|---|---|
| 김치볶음밥 | キムチチャーハン | 키무치챠-한 |
| 돌솥비빔밥 | 石焼きビビンバ | 이시야키비빔바 |
| 갈비탕 | カルビタン | 카루비탕 |
| 잡채 | チャプチェ | 챠푸체 |
| 떡볶이 | トッポッキ | 톱포키 |
| 순두부찌개 | スンドゥブチゲ | 슨두부치게 |
| 김치찌개 | キムチチゲ | 키무치치게 |
| 삼계탕 | サムゲタン | 사무게탕 |
| 불고기 | プルコギ | 푸르코기 |
| 된장찌개 | テンジャンチゲ / みそ鍋 | 텐쟝치게 / 미소나베 |
| 갈비찜 | カルビチム | 카루비치무 |
| 닭갈비 | タッカルビ | 탁카루비 |
| 부침개 | チヂミ | 치지미 |
| 양념치킨 | ヤンニョムチキン | 얀뇨무치킨 |
| 족발 | 豚足 / チョッパル | 톤소쿠 / 춉파루 |
| 간장게장 | カンジャンケジャン | 칸쟝케장 |
| 감자탕 | カムジャタン | 카무쟈탕 |
| 냉면 | 冷麺 | 레-멘 |
| 부대찌개 | プデチゲ | 푸데치게 |
| 설렁탕 | ソルロンタン | 소루론탕 |
| 삼겹살 | サムギョプサル | 사무교푸사루 |
| 칼국수 | カルグクス | 카루구쿠스 |
| 빈대떡 | ビンデトッ | 빈데톡 |

## Unit 23 일본 음식 和食　　　60쪽

| 일식 | 和食 | 와쇼쿠 |
|---|---|---|

| 생선회 | 刺身 | 사시미 |
| 생선초밥 | 寿司 | 스시 |
| 일본 코스요리 | 懐石料理 | 카이세키료ー리 |
| 오차즈케 | お茶漬け | 오차즈케 |
| 볶음면 | 焼きそば | 야키소바 |
| 튀김덮밥 | 天丼 | 텐돈 |
| 전골 | すき焼き | 스키야키 |
| 오세치요리(정월에 먹는 음식) | お節料理 | 오세치료ー리 |
| 우동 | うどん | 우동 |
| 샤브샤브 | しゃぶしゃぶ | 샤부샤부 |
| 메밀국수 | 蕎麦 | 소바 |
| 일본식 라면 | ラーメン | 라ー멘 |
| 낫또, 일본 청국장 | 納豆 | 낫토ー |
| 오코노미야키 | お好み焼き | 오코노미야키 |
| 돈가스 덮밥 | カツ丼 | 카츠돈 |
| 튀김 | 天ぷら | 템푸라 |
| 소고기 덮밥 | 牛丼 | 규ー돈 |
| 된장국 | 味噌汁 | 미소시루 |
| 타코야끼 | たこ焼き | 타코야키 |
| 닭고기와 달걀이 들어간 덮밥 | 親子丼 | 오야코돈 |
| 주먹밥 | おにぎり | 오니기리 |
| 카레 | カレー | 카레ー |
| 매실 절임 | 梅干し | 우메보시 |

## Unit 24 의복① 服/着物①                     62쪽

| 한복(한국전통의상) | ハンボク | 함보쿠 |
| 기모노(일본전통의상) | 着物 | 키모노 |
| 정장 | スーツ / 背広 | 스ー츠 / 세비로 |
| 드레스 | ドレス | 도레스 |
| 턱시도 | タキシード | 탁시ー도 |
| 재킷 | ジャケット | 쟈켓토 |
| 청재킷 | ジージャン | 지ー쟌 |
| 원피스 | ワンピース | 왐피ー스 |
| 와이셔츠 | ワイシャツ | 와이샤츠 |
| 조끼 | ベスト | 베스토 |
| 바지 | ズボン | 즈본 |
| 반바지 | 半ズボン | 한즈본 |

| 청바지 | ジーパン | 지ー판 |
| 짧은 바지 | 短パン | 탐판 |
| 멜빵바지 | サロペット / オーバーオール | 사로펫토 / 오ー바ー오ー루 |
| 블라우스 | ブラウス | 부라우스 |
| 치마 | スカート | 스카ー토 |
| 미니스커트 | ミニスカート | 미니스카ー토 |
| 롱스커트 | ロングスカート | 롱구스카ー토 |
| 주름치마 | ギャザースカート | 갸자ー스카ー토 |
| 티셔츠 | Tシャツ | 티샤츠 |
| 민소매 | 袖なし | 소데나시 |
| 스웨터 | セーター | 세ー타ー |
| 코트 | コート | 코ー토 |

## Unit 25 의복② 服/着物②                     64쪽

| 트렌치코트 | トレンチコート | 토렌치코ー토 |
| 다운재킷 | ダウンジャケット | 다운쟈켓토 |
| 모피코트 | 毛皮のコート | 케가와노코ー토 |
| 점퍼 | ジャンパー | 잠파ー |
| 카디건 | カーディガン | 카ー디간 |
| 터틀넥스웨터 | タートルネックセーター | 타ー토루넥쿠세ー타ー |
| 운동복 | トレーナー / スポーツウェア | 토레ー나ー / 스포ー츠웨아 |
| 비옷 | 雨具 / レインコート | 아마구 / 레잉코ー토 |
| 평상복 | 普段着 | 후당기 |
| 제복 | 制服 | 세ー후쿠 |
| 여자교복 / 세일러복 | セーラー服 | 세ー라ー후쿠 |
| 상의 | 上着 | 우와기 |
| 탱크톱 | タンクトップ | 탕쿠톱푸 |
| 수영복 | 水着 | 미즈기 |
| 속옷 | 下着 | 시타기 |
| 슬립 | スリップ | 스립푸 |
| 러닝 | ランニング | 란닝구 |
| 브래지어 | ブラジャー | 부라쟈ー |
| 팬티 | パンティー | 판티ー |
| 옷깃 | 襟 | 에리 |
| 소매 | 袖 | 소데 |
| 단추 | ボタン | 보탄 |

| | | |
|---|---|---|
| 지퍼 | ジッパー / ファスナー / チャック | 집파- / 화스나- / 챡쿠 |
| 호주머니 | ポケット | 포켓토 |

## Unit 26 신발 靴/履物　　　　66쪽

| | | |
|---|---|---|
| 구두, 신발 | 靴 | 쿠츠 |
| 부츠 | ブーツ | 부-츠 |
| 운동화 | 運動靴 / スポーツシューズ | 운도-구츠 / 스포-츠슈-즈 |
| 하이힐 | ヒール | 히-루 |
| 로퍼 | ローファー | 로-화- |
| 등산화 | 登山靴 | 토장구츠 |
| 스니커즈 | スニーカー | 스니-카- |
| 일본나막신 | 下駄 | 게타 |
| 샌들 | サンダル | 산다루 |
| 군화 | 軍靴 | 궁카 |
| 실내화 | 上履き | 우와바키 |
| 뮬 | ミュール | 뮤-루 |
| 옥스퍼드화 | オックスフォードシューズ | 옥쿠스훠-도슈-즈 |
| 슬리퍼 | スリッパ | 스립파 |
| 웰링턴 부츠 | ウェリントンブーツ | 웨린톰부-츠 |
| 발레슈즈 | トウシューズ | 토-슈-즈 |
| 레인부츠 | 雨靴 / レインシューズ | 아마구츠 / 레인슈-즈 |
| 승마부츠 | 乗馬ブーツ | 죠-바부-츠 |
| 농구화 | バスケットシューズ | 바스켓토슈-즈 |
| 축구화 | サッカーシューズ | 삭카-슈-즈 |
| 구두약 | 靴墨 | 쿠츠즈미 |
| 구두끈 | 靴ひも | 쿠츠히모 |
| 구둣주걱 | 靴べら | 쿠츠베라 |
| 구둣솔 | シューブラシ | 슈-부라시 |

## Unit 27 잡화·악세서리 雑貨、アクセサリー　　　　68쪽

| | | |
|---|---|---|
| 넥타이 | ネクタイ | 네쿠타이 |
| 모자 | 帽子 | 보-시 |
| 장갑 | 手袋 | 테부쿠로 |
| 손목시계 | 腕時計 | 우데도케- |
| 양말 | 靴下 | 쿠츠시타 |
| 스타킹 | ストッキング | 스톡킹구 |
| 손수건 | ハンカチ | 항카치 |

| | | |
|---|---|---|
| 스카프 | スカーフ | 스카-후 |
| 머플러 | マフラー | 마후라- |
| 숄 | ショール | 쇼-루 |
| 벨트 | ベルト | 베루토 |
| 가방 | 鞄 | 카방 |
| 지갑 | 財布 | 사이후 |
| 선글라스 | サングラス | 상구라스 |
| 안경 | 眼鏡 | 메가네 |
| 콘택트렌즈 | コンタクトレンズ | 콘타쿠토렌즈 |
| 우산 | 傘 | 카사 |
| 양산 | 日傘 | 히가사 |
| 반지 | 指輪 | 유비와 |
| 목걸이 | ネックレス | 넥쿠레스 |
| 팔찌 | 腕輪 / ブレスレット | 우데와 / 부레스렛토 |
| 귀고리 | イヤリング | 이야링구 |
| 브로치 | ブローチ | 부로-치 |
| 머리핀 | ヘアピン | 헤아핀 |

## Unit 28 화장품 化粧品　　　　70쪽

| | | |
|---|---|---|
| 스킨, 화장수 | 化粧水 | 케쇼-스이 |
| 로션 | 乳液 | 뉴-에키 |
| 에센스 | 美容液 | 비요-에키 |
| 보습크림 | 保湿クリーム | 호시츠쿠리-무 |
| 아이크림 | アイクリーム | 아이쿠리-무 |
| 마사지 크림 | マッサージクリーム | 맛사-지쿠리-무 |
| 팩 | パック | 팍쿠 |
| 선크림 | 日焼け止め | 히야케도메 |
| 메이크업베이스 | メーキャップベース | 메-캽푸베-스 |
| 파운데이션 | ファンデーション | 환데-숀 |
| 파우더 | パウダー | 파우다- |
| 아이브로 | アイブロー | 아이부로- |
| 아이섀도우 | アイシャドウ | 아이샤도- |
| 마스카라 | マスカラ | 마스카라 |
| 속눈썹 집게, 뷰러 | アイラッシュカーラー | 아이랏슈카-라- |
| 립스틱 | 口紅 | 쿠치베니 |
| 립글로스 | リップグロス | 립푸구로스 |
| 볼터치 | チーク | 치-쿠 |
| 메이크업 브러시 | メイクブラシ | 메이쿠부라시 |
| 세안제 | 洗顔剤 | 셍간자이 |

| 클렌징 | クレンジング | 쿠렌징구 |
|---|---|---|
| 매니큐어 | マニキュア | 마니큐아 |
| 향수 | 香水 | 코-스이 |
| 기름종이 | 油とり紙 | 아부라토리가미 |

## Unit 29 피부 お肌/皮膚　　　　72쪽

| 피부 | お肌, 皮膚 | 오하다, 히후 |
|---|---|---|
| 건성피부 | 乾燥肌 | 칸소-하다 |
| 중성피부 | 普通肌 | 후츠-하다 |
| 지성피부 | 脂性肌, オイリー肌 | 아부라쇼-하다, 오이리-하다 |
| 복합성피부 | 混合肌 | 콩고-하다 |
| 민감성피부 | 敏感肌 | 빙캉하다 |
| 주근깨 | そばかす | 소바카스 |
| 여드름 | にきび | 니키비 |
| 여드름자국 | にきび跡 | 니키비아토 |
| 아토피 | アトピー | 아토피- |
| 다크서클 | クマ | 쿠마 |
| 기미 | しみ | 시미 |
| 뾰루지 | 吹き出物 | 후키데모노 |
| 주름 | しわ | 시와 |
| 점 | ほくろ | 호쿠로 |
| 피부트러블 | 肌のトラブル | 하다노토라부루 |
| 피지 | 皮脂 | 히시 |
| T존 | Tゾーン | 티-조-온 |
| 맨얼굴 | 素顔 | 스가오 |
| 촉촉한 피부 | しっとり肌 | 싯토리하다 |
| 매끈매끈한 피부 | すべすべ肌 | 스베스베하다 |
| 거친 피부 | かさかさ肌 | 카사카사하다 |
| ~을 짜다 | つぶす | 츠부스 |
| 마사지 | マッサージ | 맛사-지 |

## Unit 30 미용실 美容室　　　　74쪽

| 머리카락 | 髪, 髪の毛 | 카미, 카미노케 |
|---|---|---|
| 머리모양 | 髪型 / ヘアスタイル | 카미가타 / 헤아스타이루 |
| 헤어 카탈로그 | ヘアカタログ | 헤아카타로구 |
| 펌 | パーマ | 파-마 |
| 파마가 풀리다 | パーマがとれる | 파-마가토레루 |
| 스트레이트 | ストレート | 스토레-토 |

| 커트 | カット | 캇토 |
|---|---|---|
| 머리를 다듬다 | 髪を整える | 카미오토토노에루 |
| 층을 낸 커트 | グラデーションカット | 구라데-송캇토 |
| 염색하다 | 染める | 소메루 |
| 브리치 | ブリーチ | 부리-치 |
| 대머리 | 禿げ頭 | 하게아타마 |
| 단발머리 | おかっぱ | 오캅파 |
| 곱슬머리 | 縮れ毛 / くせ毛 | 치지레게 / 쿠세게 |
| 포니테일 머리 | ポニーテール | 포니-테-루 |
| 땋은 머리 | 編み髪 | 아미카미 |
| 가르마 | 分け目 | 와케메 |
| 차분한 머리카락 | 猫っ毛 | 네콕케 |
| 앞머리 | 前髪 | 마에가미 |
| 흰머리 | 白髪 | 시라가 |
| 탈모 | 抜け毛 | 누케게 |
| 숱이 적은 머리 | 薄毛 | 우스게 |
| 머리카락이 뻣뻣하다 | 髪が固い | 카미가카타이 |
| 비듬이 떨어지다 | フケが落ちる | 후케가오치루 |

## Part 02 우리 몸과 생활

## Unit 31 직업① 職業①　　　　78쪽

| 회사원 | 会社員 | 카이샤인 |
|---|---|---|
| 사무원 | 事務員 | 지무인 |
| 직장인 | サラリーマン | 사라리-만 |
| 비서 | 秘書 | 히쇼 |
| 세일즈맨 | セールスマン | 세-루스만 |
| 판매원 | 販売員 | 함바이인 |
| 변리사 | 弁理士 | 벤리시 |
| 세무사 | 税務士 | 제-무시 |
| 회계사 | 会計士 | 카이케-시 |
| 공무원 | 公務員 | 코-무인 |
| 사업가(실업가) | 事業家 / 実業家 | 지교-카 / 지츠교-카 |
| 경영자 | 経営者 | 케-에-샤 |
| 환경미화원 | 清掃作業員 | 세-소-사교-인 |
| 경비원 | 警備員 | 케-비인 |
| 은행원 | 銀行員 | 깅코-인 |

| 소방관 | 消防士 | 쇼-보-시 |
| 경찰관 | 警察官 | 케-사츠칸 |
| 형사 | 刑事 | 케-지 |
| 순경 | お巡りさん | 오마와리상 |
| 변호사 | 弁護士 | 벵고시 |
| 검사 | 検事 | 켄지 |
| 판사 | 判事 | 한지 |
| 교도관 | 看守 | 칸슈 |
| 탐정 | 探偵 | 탄테- |

## Unit 32 직업② 職業②    80쪽

| 기자 | 記者 | 키샤 |
| 아나운서 | アナウンサー | 아나운사- |
| 사진작가 | 写真作家 | 샤싱삭카 |
| 모델 | モデル | 모데루 |
| 연예인 | 芸能人 | 게-노-진 |
| 남자배우 | 俳優 / 男優 | 하이유- / 당유- |
| 여자배우 | 女優 | 조유- |
| 성우 | 声優 | 세-유- |
| 감독 | 監督 | 칸토쿠 |
| 희극배우, 코미디언 | コメディアン | 코메디안 |
| 가수 | 歌手 | 카슈 |
| 작곡가 | 作曲家 | 삭쿄쿠카 |
| 음악가 | 音楽家 | 옹가쿠카 |
| 지휘자 | 指揮者 | 시키샤 |
| 피아니스트 | ピアニスト | 피아니스토 |
| 작가 | 作家 | 삭카 |
| 소설가 | 小説家 | 쇼-세츠카 |
| 시인 | 詩人 | 시진 |
| 화가 | 画家 | 가카 |
| 조각가 | 彫刻家 | 쵸-코쿠카 |
| 마술사 | 魔術師 / マジシャン | 마쥬츠시 / 마지샨 |
| 비평가 | 批評家 | 히효-카 |
| 평론가 | 評論家 | 효-롱카 |
| 만화가 | 漫画家 | 망가카 |

## Unit 33 직업③ 職業③    82쪽

| 교수 | 教授 | 코-쥬 |
| 강사 | 講師 | 코-시 |

| 교장 | 校長 | 코-쵸- |
| 교사 / 선생 | 教師 / 先生 | 코-시 / 센세- |
| 강연자 | 講演者 | 코-엔샤 |
| 학생 | 学生 | 각세- |
| 과학자 | 科学者 | 카가쿠샤 |
| 물리학자 | 物理学者 | 부츠리가쿠샤 |
| 화학자 | 化学者 | 카가쿠샤 |
| 통역사 | 通訳者 | 츠-야쿠샤 |
| 번역가 | 翻訳者 | 홍야쿠샤 |
| 가이드 | ガイド | 가이도 |
| 편집자 | 編集者 | 헨슈-샤 |
| 연구원 | 研究員 | 켄큐-인 |
| 디자이너 | デザイナー | 데자이나- |
| 건축가 | 建築家 | 켄치쿠카 |
| 배관공 | 配管工 | 하이캉코- |
| 목수 | 大工 | 다이쿠 |
| 엔지니어, 기술자 | エンジニア, 技師 | 엔지니아, 기시 |
| 우편집배원 | 郵便配達員 / ポストマン | 유-빙하이타츠인 / 포스토만 |
| 운전기사 | 運転手 | 운텐슈 |
| 택시운전사 | タクシードライバー | 타쿠시-도라이바- |
| 카레이서 | カーレーサー | 카-레-사- |
| 프로그래머 | プログラマー | 푸로그라마- |

## Unit 34 직업④ 職業④    84쪽

| 목사 | 牧師 | 복시 |
| 신부 | 神父 | 심푸 |
| 수녀 | 修女 | 슈-조 |
| 성직자 | 聖職者 | 세-쇼쿠샤 |
| 스님 | お坊さん | 오보-상 |
| 대통령 | 大統領 | 다이토-료- |
| 총리 | 総理 | 소-리 |
| 군인 | 軍人 | 군진 |
| 정치인 | 政治家 | 세-지카 |
| 국회의원 | 国会議員 | 콕카이기인 |
| 외교관 | 外交官 | 가이코-칸 |
| 의사 | 医者 | 이샤 |
| 수의사 | 獣医師 | 쥬-이시 |
| 한의사 | 漢方医 | 캄포-이 |

| | | |
|---|---|---|
| 외과의사 | 外科医 | 게카이 |
| 내과의사 | 内科医 | 나이카이 |
| 치과의사 | 歯医者 | 하이샤 |
| 정신과의사 | 精神科医 | 세-신카이 |
| 방사선기사 | 放射線技師 / レント ゲン技師 | 호-샤셍기시 / 렌토 겡기시 |
| 간호사 | 看護婦 | 캉고후 |
| 약사 | 薬剤師 | 야쿠자이시 |
| 치과 기공사 | 歯科技工士 | 시카기코-시 |
| 심리 상담사 | 心理カウンセラー | 신리카운세라- |
| 사회 복지사 | 社会福祉士 | 샤카이후쿠시시 |

## Unit 35 직업⑤ 職業⑤      86쪽

| | | |
|---|---|---|
| 주부 | 主婦 | 슈후 |
| 가사도우미 | お手伝いさん | 오테츠다이산 |
| 베이비시터 | ベビーシッター | 베비-싯타- |
| 요리사 | コック | 콕쿠 |
| 주방장 | シェフ | 세후 |
| 영양사 | 栄養士 | 에-요-시 |
| 파티쉐, 제빵사 | パティシエ | 파티시에 |
| 농부 | 農夫 | 노-후 |
| 어부 | 漁師 / 漁夫 | 료-시 / 교후 |
| 광부 | 鉱夫 | 코-후 |
| 조종사, 파일럿 | パイロット | 파이롯토 |
| 스튜어디스 (여자 승무원) | スチュワーデス | 스츄와-데스 |
| 스튜어드 (남자 승무원) | スチュワード | 스츄와-도 |
| 우주비행사 | 宇宙飛行士 | 우츄-히코-시 |
| 항해사 | 航海士 | 코-카이시 |
| 운동선수 | 運動選手 | 운도-센슈 |
| 미용사 | 美容師 | 비요-시 |
| 이발사 | 理髪師 | 리하츠시 |
| 정원사 | 庭師 / ガーデナー | 니와시 / 가-데나- |
| 조경사 | 造園士 | 조-엔시 |
| 조련사 | 調教師 | 쵸-쿄-시 |
| 잠수부 | 潜水士 | 센-스이시 |
| 호텔 지배인 | ホテルの支配人 | 호테루노시하이닌 |
| 검안사 | 検眼士 | 켕간시 |

## Unit 36 성격 性格      88쪽

| | | |
|---|---|---|
| 성실하다 | 真面目だ | 마지메다 |
| 수다스럽다 | おしゃべりだ | 오샤베리다 |
| 수줍어하다 | 恥ずかしがる | 하즈카시가루 |
| 참을성이 있다 | 忍耐力がある | 닌타이료쿠가아루 |
| 친절하다 | 親切だ | 신세츠다 |
| 정직하다 | 正直だ | 쇼-지키다 |
| 상냥하다 | 優しい | 야사시- |
| 영리하다 / 현명하다 | 賢い | 카시코이 |
| 어리석다 | 愚かだ | 오로카다 |
| 평범하다 | 平凡だ | 헤-본다 |
| 얌전하다 / 점잖다 | おとなしい | 오토나시이 |
| 섬세하다 | 繊細だ | 센사이다 |
| 제멋대로 굴다 | わがままだ | 와가마마다 |
| 거만하다 / 오만하다 | 傲慢だ | 고-만다 |
| 적극적이다 | 積極的だ | 섹코쿠테키다 |
| 겁이 많다 | 臆病だ | 오쿠뵤-다 |
| 신중하다 | 慎重だ | 신쵸-다 |
| 덜렁대다 | そそっかしい | 소속카시- |
| 게으르다 | 怠けだ | 나마케다 |
| 성급하다 | 気が短い | 키가미지카이 |
| 잔인하다 | 残忍だ | 잔닌다 |
| 건방지다 | 生意気だ | 나마이키다 |
| 어른스럽다 | 大人しい | 오토나시- |
| 뻔뻔스럽다 | ずうずうしい | 즈-즈-시- |

## Unit 37 감정 感情      90쪽

| | | |
|---|---|---|
| 행복하다 | 幸せだ | 시아와세다 |
| 슬프다 | 悲しい | 카나시- |
| 지치다 | 疲れる | 츠카레루 |
| 화내다 | 怒る | 오코루 |
| 부끄럽다 | 恥ずかしい | 하즈카시- |
| 놀라다 | 驚く | 오도로쿠 |
| 기쁘다 | 嬉しい | 우레시- |
| 재미있다 | おもしろい | 오모시로이 |
| 즐겁다 | 楽しい | 타노시- |
| 부럽다 | うらやましい | 우라야마시- |

| 실망하다 | がっかりする | 각카리스루 |
| 당황하다 | 慌てる | 아와테루 |
| 쓸쓸하다 | 寂しい | 사비시- |
| 억울하다, 분하다 | 悔しい | 쿠야시- |
| 무섭다 | 怖い | 코와이 |
| 불안하다 | 不安だ | 후안다 |
| 반하다 | 惚れる | 호레루 |
| 무리다 | 無理だ | 무리다 |
| 불쾌하다 | 不愉快だ | 후유카이다 |
| 짜증나다 | ムカつく | 무카츠쿠 |
| 재미없다 | つまらない | 츠마라나이 |
| 귀찮다 | 面倒くさい | 멘독사이 |
| 지루하다 | 退屈だ | 타이쿠츠다 |
| 미워하다 | 憎む | 니쿠무 |

## Unit 38 학교 学校　　92쪽

| 유치원 | 幼稚園 | 요-치엔 |
| 초등학교 | 小学校 | 쇼-각코- |
| 중학교 | 中学校 | 츄-각코- |
| 고등학교 | 高校 | 코-코- |
| 대학교 | 大学 | 다이가쿠 |
| 전문대학 | 短期大学 | 탄키다이가쿠 |
| 대학원 | 大学院 | 다이가쿠인 |
| 운동장 | 運動場 | 운도-죠- |
| 보건실 | 保健室 | 호켄시츠 |
| 강당 | 講堂 | 코-도- |
| 기숙사 | 療 | 료- |
| 강의실 | 講義室 | 코-기시츠 |
| 교실 | 教室 | 쿄-시츠 |
| 수업 | 授業 | 쥬교- |
| 교과서 | 教科書 | 코-카쇼 |
| 시험 | 試験 | 시켄 |
| 숙제 | 宿題 | 슈쿠다이 |
| 장학금 | 奨学金 | 쇼-가쿠킹 |
| 성적표 | 成績表 | 세-세키효- |
| 입학식 | 入学式 | 뉴-가쿠시키 |
| 졸업식 | 卒業式 | 소츠교-시키 |
| 담임 | 担任 | 탄닝 |

| 매점 | 売店 | 바이텡 |
| 반 친구 | クラスメート | 쿠라스메-토 |

## Unit 39 교과목 科目　　94쪽

| 수학 | 数学 | 스-가쿠 |
| 역사 | 歴史 | 렉시 |
| 과학 | 科学 | 카가쿠 |
| 문학 | 文学 | 붕가쿠 |
| 지구과학 | 地学 | 치가쿠 |
| 철학 | 哲学 | 테츠가쿠 |
| 지리 | 地理 | 치리 |
| 해부학 | 解剖学 | 카이보-가쿠 |
| 심리학 | 心理学 | 신리가쿠 |
| 생물학 | 生物学 | 세-부츠가쿠 |
| 천문학 | 天文学 | 템몽가쿠 |
| 미술 | 美術 | 비쥬츠 |
| 기하학 | 幾何学 | 키카가쿠 |
| 물리학 | 物理学 | 부츠리가쿠 |
| 윤리학 | 倫理学 | 린리가쿠 |
| 교육학 | 教育学 | 코-이쿠가쿠 |
| 경제학 | 経済学 | 케-자이가쿠 |
| 영문학 | 英文学 | 에-붕가쿠 |
| 생태학 | 生態学 | 세-타이가쿠 |
| 신학 | 神学 | 싱가쿠 |
| 공학 | 工学 | 코-가쿠 |
| 필수과목 | 必須科目 | 힛스카모쿠 |
| 선택과목 | 選択科目 | 센타쿠카모쿠 |
| 교양과목 | 教養科目 | 코-요-카모쿠 |

## Unit 40 문구 文房具　　96쪽

| 연필 | 鉛筆 | 엠피츠 |
| 지우개 | 消ゴム | 케시고무 |
| 노트 | ノート | 노-토 |
| 볼펜 | ボールペン | 보-루펜 |
| 샤프 | シャープペン | 샤-푸펜 |
| 만년필 | 万年筆 | 만넹히츠 |
| 펜촉 | ペン先 | 펜사키 |
| 잉크 | インク | 잉쿠 |
| 수첩 | 手帳 | 테쵸- |

| 붓 | 筆 (ふで) | 후데 |
| 물감 | 絵の具 (えのぐ) | 에노구 |
| 먹 | 墨 (すみ) | 스미 |
| 크레파스 | クレヨン | 쿠레온 |
| 수정액 | 修正液 (しゅうせいえき) | 슈-세-에키 |
| 가위 | 挟み (はさみ) | 하사미 |
| 포스트잇 | ポストイット | 포스토잇토 |
| 풀 | 糊 (のり) | 노리 |
| 스테이플러 | ホッチキス | 홋치키스 |
| 스테이플러 심 | ホッチキスの針 (はり) | 홋치키스 노하리 |
| 종이 | 紙 (かみ) | 카미 |
| 필통 | 筆箱 (ふでばこ) | 후데바코 |
| 고무줄 | ゴムバンド | 고무반도 |
| 압정 | 画びょう (が) | 가뵤- |
| 자석 | 磁石 (じしゃく) | 지샤쿠 |

## Unit 41 악기 楽器 (がっき) 98쪽

| 아코디언 | アコーディオン | 아코-디온 |
| 신시사이저 | シンセサイザ | 신세사이자 |
| 오르간 | オルガン | 오루간 |
| 피아노 | ピアノ | 피아노 |
| 콘트라베이스 | コントラバス | 콘토라바스 |
| 첼로 | チェロ | 체로 |
| 기타 | ギター | 기타- |
| 하프 | ハープ | 하-푸 |
| 비올라 | ビオラ | 비오라 |
| 바이올린 | バイオリン | 바이오린 |
| 호른 | ホルン | 호룬 |
| 트롬본 | トロンボーン | 토롬보-온 |
| 트럼펫 | トランペット | 토람펫토 |
| 튜바 | チューバ | 츄-바 |
| 코넷 | コルネット | 코루넷토 |
| 클라리넷 | クラリネット | 쿠라리넷토 |
| 플룻 | フルート | 후루-토 |
| 오보에 | オーボエ | 오-보에 |
| 피콜로 | ピッコロ | 픽코로 |
| 심벌즈 | シンバル | 심바루 |
| 드럼 | ドラム | 도라무 |

## Unit 42 음악 音楽 (おんがく) 100쪽

| 알토 | アルト | 아루토 |
| 바리톤 | バリトン | 바리톤 |
| 테너 | テナー | 테나- |
| 베이스 | ベース | 베-스 |
| 소프라노 | ソプラノ | 소푸라노 |
| 독창 | 独唱 (どくしょう) | 독쇼- |
| 합창 | 合唱 (がっしょう) | 갓쇼- |
| 클래식 | クラシック | 쿠라식쿠 |
| 헤비메탈 | ヘヴィメタル | 헤비메타루 |
| 민속음악 | フォークミュージック | 훠-쿠뮤-직쿠 |
| 힙합 | ヒップホップ | 힙푸홉푸 |
| 재즈 | ジャズ | 쟈즈 |
| 레게 | レゲエ | 레게- |
| 록 | ロック | 록쿠 |
| 발라드 | バラード | 바라-도 |
| 동요 | 童謡 (どうよう) | 도-요- |
| 작사 | 作詞 (さくし) | 삭시 |
| 작곡 | 作曲 (さっきょく) | 삭쿄쿠 |
| 지휘자 | 指揮者 (しきしゃ) | 시키샤 |
| 애국가 | 国歌 (こっか) | 콕카 |
| 오페라 | オペラ | 오페라 |
| 오케스트라 | オーケストラ | 오-케스토라 |
| 현악 | 弦楽 (げんがく) | 겡가쿠 |
| 교향곡 | 交響曲 (こうきょうきょく), シンフォニー | 코-쿄-쿄쿠, 싱훠니- |

## Unit 43 선과 도형 線と図形 (せん ずけい) 102쪽

| 실선 | 実線 (じっせん) | 짓센 |
| 파선 | 波線 (はせん) | 하센 |
| 점선 | 点線 (てんせん) | 텐센 |
| 곡선 | 曲線 (きょくせん) | 쿄쿠센 |
| 대각선 | 対角線 (たいかくせん) | 타이카쿠센 |
| 수평 | 水平 (すいへい) | 스이헤- |
| 평행 | 平行 (へいこう) | 헤-코- |

| 직선 | ちょくせん 直線 | 쵸쿠센 | 백 | ひゃく 百 | 햐쿠 |
| --- | --- | --- | --- | --- | --- |
| 수직 | すいちょく 垂直 | 스이쵸쿠 | 천 | せん 千 | 센 |
| 물결 모양 | なみがた 波形 | 나미가타 | 만 | いちまん 一万 | 이치만 |
| 지그재그 | ジグザグ | 지구자구 | 억 | いちおく 一億 | 이치오쿠 |
| 원 | まる 丸 | 마루 | 조 | いっちょう 一兆 | 잇쵸- |
| 타원형 | だえんけい 楕円形 | 다엥케- | | | |

Unit 45 색깔 いろ 色          106쪽

| 정삼각형 | せいさんかくけい 正三角形 | 세-상카쿠케- | 흰색 | しろいろ 白色 | 시로이로 |
| --- | --- | --- | --- | --- | --- |
| 삼각형 | さんかくけい 三角形 | 상카쿠케- | 검정색 | くろいろ 黒色 | 쿠로이로 |
| 정사각형 | せいほうけい 正方形 | 세-호-케- | 회색 | はいいろ 灰色 | 하이이로 |
| 직사각형 | ちょうほうけい 長方形 | 쵸-호-케- | 빨간색 | あかいろ 赤色 | 아카이로 |
| 마름모 | ひしがた 菱形 | 히시가타 | 새빨강 | まっか 真っ赤 | 막카 |
| 평행사변형 | へいこうしへんけい 平行四辺形 | 헤-코-시헹케- | 주황색 / 오렌지색 | だいだいいろ 橙 / オレンジ色 | 다이다이이로 / 오렌지이로 |
| 사다리꼴 | だいけい 台形 | 다이케- | 노란색 | きいろ 黄色 | 키이로 |
| 오각형 | ごかくけい 五角形 | 고카쿠케- | 녹색 | みどりいろ 緑色 | 미도리이로 |
| 육각형 | ろっかくけい 六角形 | 록카쿠케- | 파란색 | あおいろ 青色 | 아오이로 |
| 칠각형 | しちかくけい ななかくけい 七角形 / 七角形 | 시치카쿠케- / 나나카쿠케- | 보라색 | むらさきいろ 紫色 | 무라사키이로 |
| 팔각형 | はっかくけい 八角形 | 학카쿠케- | 연분홍색 | さくらいろ 桜色 | 사쿠라이로 |
| | | | 청녹색 | あおみどりいろ 青緑色 | 아오미도리이로 |

Unit 44 숫자 すうじ 数字          104쪽

| 영 | ゼロ, 零 | 제로, 레- | 다갈색 | ちゃかっしょく 茶褐色 | 챠캇쇼쿠 |
| --- | --- | --- | --- | --- | --- |
| 일 / 하나 | いち ひと 一 / 一つ | 이치 / 히토츠 | 베이지색 | ベージュ色 | 베-쥬이로 |
| 이 / 둘 | に ふた 二 / 二つ | 니 / 후타츠 | 하늘색 | そらいろ 空色 | 소라이로 |
| 삼 / 셋 | さん みっ 三 / 三つ | 산 / 밋츠 | 연두색 | あさみどりいろ 浅緑色 | 아사미도리이로 |
| 사 / 넷 | し よん よっ 四, 四 / 四つ | 시, 욘 / 욧츠 | 감청색 | こんじょういろ 紺青色 | 콘죠-이로 |
| 오 / 다섯 | ご いつ 五 / 五つ | 고 / 이츠츠 | 아이보리색 / 상아색 | アイボリー色 | 아이보리-이로 |
| 육 / 여섯 | ろく むっ 六 / 六つ | 로쿠 / 뭇츠 | 복숭아색 | ももいろ 桃色 | 모모이로 |
| 칠 / 일곱 | しち なな なな 七, 七 / 七つ | 시치, 나나 / 나나츠 | 금색 | きんいろ いろ 金色 / ゴールド色 ゴールド | 킹이로 / 고-루도이로 / 고-루도 |
| 팔 / 여덟 | はち やっ 八 / 八つ | 하치 / 얏츠 | 은색 | ぎんいろ いろ 銀色 / シルバー色 シルバー | 깅이로 / 시루바-이로 / 시루바- |
| 구 / 아홉 | きゅう く ここの 九, 九 / 九つ | 큐-, 쿠 / 코코노츠 | | | |
| 십 / 열 | じゅう とお 十 / 十 | 쥬- / 토- | 크림색 | クリーム色 | 쿠리-무이로 |
| 이십 | にじゅう 二十 | 니쥬- | 핑크색 | ピンク色 | 핑쿠이로 |
| 삼십 | さんじゅう 三十 | 산쥬- | 황토색 | おうどいろ 黄土色 | 오-도이로 |
| 사십 | よんじゅう 四十 | 욘쥬- | | | |

Unit 46 우리 몸① からだ 体①          108쪽

| 오십 | ごじゅう 五十 | 고쥬- | 머리 | あたま 頭 | 아타마 |
| --- | --- | --- | --- | --- | --- |
| 육십 | ろくじゅう 六十 | 로쿠쥬- | 머리카락 | かみ け 髪の毛 | 카미노케 |
| 칠십 | ななじゅう 七十 | 나나쥬- | 이마 | ひたい 額 | 히타이 |
| 팔십 | はちじゅう 八十 | 하치쥬- | 눈썹 | まゆ 眉 | 마유 |
| 구십 | きゅうじゅう 九十 | 큐-쥬- | | | |

| | | | | | | |
|---|---|---|---|---|---|---|
| 눈 | 目 (め) | 메 | | 손목 | 手首 (て くび) | 테쿠비 |
| 눈동자 | 瞳 (ひとみ) | 히토미 | | 발가락 | 足の指 (あし ゆび) | 아시노유비 |
| 눈꺼풀 | 目蓋 (ま ぶた) | 마부타 | | 발바닥 | 足の裏 (あし うら) | 아시노우라 |
| 코 | 鼻 (はな) | 하나 | | 손 | 手 (て) | 테 |
| 콧구멍 | 鼻孔 (び こう) | 비코- | | 손바닥 | 手のひら (て) | 테노히라 |
| 입 | 口 (くち) | 쿠치 | | 지문 | 指紋 (し もん) | 시몬 |
| 입술 | 唇 (くちびる) | 쿠치비루 | | 손톱 | 爪 (つめ) | 츠메 |
| 턱 | 顎 (あご) | 아고 | | 손가락 | 指 (ゆび) | 유비 |
| 귀 | 耳 (みみ) | 미미 | | 엄지 | 親指 (おやゆび) | 오야유비 |
| 귓불 | 耳たぶ (みみ) | 미미타부 | | 검지 | 人差し指 (ひと さ ゆび) | 히토사시유비 |
| 쌍꺼풀 | 二重まぶた (ふた え) | 후타에마부타 | | 중지 | 中指 (なかゆび) | 나카유비 |
| 관자놀이 | こめかみ | 코메카미 | | 약지 | 薬指 (くすりゆび) | 쿠스리유비 |
| 볼 | 頬 (ほお) | 호- | | 새끼손가락 | 小指 (こ ゆび) | 코유비 |
| 치아 | 歯 (は) | 하 | | | | |
| 잇몸 | 歯茎 (はぐき) | 하구키 | | | | |
| 혀 | 舌 (した) | 시타 | | | | |

## Unit 48 우리 몸③ 体③ (からだ)     112쪽

| | | |
|---|---|---|
| 수염 | 髭 (ひげ) | 히게 |
| 보조개 | えくぼ | 에쿠보 |
| 구레나룻 | 頬ひげ (ほお) | 호-히게 |
| 콧수염 | 口ひげ (くち) | 쿠치히게 |

| | | |
|---|---|---|
| 뼈 | 骨 (ほね) | 호네 |
| 근육 | 筋肉 (きんにく) | 킨니쿠 |
| 갑상선 | 甲状腺 (こうじょうせん) | 코-조-센 |
| 목젖 | 口蓋垂 (こうがいすい) | 코-가이스이 |
| 심장 | 心臓 (しんぞう) | 신조- |
| 위 | 胃 (い) | 이 |
| 간 | 肝 / 肝 (カン / きも) | 칸 / 키모 |
| 폐 | 肺 (はい) | 하이 |
| 췌장 | 膵臓 (すいぞう) | 스이조- |
| 담낭 | 胆嚢 (たんのう) | 탄노- |
| 맹장 | 盲腸 (もうちょう) | 모-쵸- |
| 십이지장 | 十二指腸 (じゅう に し ちょう) | 쥬-니시쵸- |
| 대장 | 大腸 (だいちょう) | 다이쵸- |
| 소장 | 小腸 (しょうちょう) | 쇼-쵸- |
| 혈액 | 血液 (けつえき) | 케스에키 |
| 세포 | 細胞 (さいぼう) | 사이보- |
| 척추 | 脊椎 / 背骨 (せきつい / せぼね) | 세키스이 / 세보네 |
| 관절 | 関節 (かんせつ) | 칸세츠 |
| 혈관 | 血管 (けっかん) | 켁칸 |
| 신장 | 腎臓 (じんぞう) | 진조- |
| 방광 | 膀胱 (ぼうこう) | 보-코- |
| 신경 | 神経 (しんけい) | 신케- |
| 뇌 | 脳 (のう) | 노- |

## Unit 47 우리 몸② 体② (からだ)     110쪽

| | | |
|---|---|---|
| 목 | 首 (くび) | 쿠비 |
| 어깨 | 肩 (かた) | 카타 |
| 가슴 | 胸 (むね) | 무네 |
| 배 | 腹(お腹) (はら なか) | 하라 / 오나카 |
| 배꼽 | 臍 (へそ) | 헤소 |
| 허리 | 腰 (こし) | 코시 |
| 등 | 背中 (せ なか) | 세나카 |
| 엉덩이 | 尻 (しり) | 시리 |
| 넓적다리 | 太股 (ふともも) | 후토모모 |
| 무릎 | 膝 (ひざ) | 히자 |
| 정강이 | 脛 (すね) | 스네 |
| 다리(발) | 足 (あし) | 아시 |
| 발목 | 足首 (あしくび) | 아시쿠비 |
| 발꿈치 | 踵 (かかと) | 카카토 |
| 팔 | 腕 (うで) | 우데 |
| 팔꿈치 | 肘 (ひじ) | 히지 |

| 자궁 | 子宮<ruby>しきゅう</ruby> | 시큐− |
|---|---|---|

## Unit 49 우리 몸④ 体④ 114쪽

| 땀 | 汗<ruby>あせ</ruby> | 아세 |
|---|---|---|
| 식은땀 | 冷<ruby>ひ</ruby>や汗<ruby>あせ</ruby> | 히야아세 |
| 땀샘 | 汗腺<ruby>かんせん</ruby> | 칸센 |
| 침 | 唾<ruby>つば</ruby> | 츠바 |
| 콧물 | 鼻水<ruby>はなみず</ruby> | 하나미즈 |
| 귀지 | 耳垢<ruby>みみあか</ruby> | 미미아카 |
| 코딱지 | 鼻<ruby>はな</ruby>くそ | 하나쿠소 |
| 하품 | あくび | 아쿠비 |
| 딸꾹질 | しゃっくり | 샥쿠리 |
| 재채기 | くしゃみ | 쿠샤미 |
| 트림 | おくび, げっぷ | 오쿠비, 겝푸 |
| 방귀 | おなら | 오나라 |
| 숨 | 息<ruby>いき</ruby> | 이키 |
| 기침 | 咳<ruby>せき</ruby> | 세키 |
| 한숨 | ため息<ruby>いき</ruby> | 타메이키 |
| 소변 | 小便<ruby>しょうべん</ruby> | 쇼−벤 |
| 대변 | うんこ / 大便<ruby>だいべん</ruby> | 웅코 / 다이벤 |
| 분비기관 | 分泌器官<ruby>ぶんぴつきかん</ruby> | 붐피츠키칸 |
| 눈곱 | 目脂<ruby>めやに</ruby> / 目糞<ruby>めくそ</ruby> | 메야니 / 메쿠소 |
| 배설물 | 排泄物<ruby>はいせつぶつ</ruby> | 하이세츠부츠 |
| 가래 | たん | 탄 |
| 비듬 | ふけ | 후케 |
| 고막 | 鼓膜<ruby>こまく</ruby> | 코마쿠 |
| 과잉분비 | 過剰分泌<ruby>かじょうぶんぴつ</ruby> | 카조−붐피츠 |

## Unit 50 병① 病気① 116쪽

| 아픔, 통증 | 痛<ruby>いた</ruby>み | 이따미 |
|---|---|---|
| 알레르기 | アレルギー | 아레루기− |
| 관절염 | 関節炎<ruby>かんせつえん</ruby> | 칸세츠엔 |
| 실신 | 失心<ruby>しっしん</ruby> | 싯신 |
| 자폐증 | 自閉症<ruby>じへいしょう</ruby> | 지헤−쇼− |
| 물집 | 水<ruby>みず</ruby>ぶくれ / 水疱<ruby>すいほう</ruby> / ブリスター | 미즈부쿠레 / 스이호− / 부리스타− |
| 고혈압 | 高血圧<ruby>こうけつあつ</ruby> | 코−케츠아츠 |
| 멍 | あざ | 아자 |
| 화상 | 火傷<ruby>やけど</ruby> | 야케도 |

| 암 | 癌<ruby>がん</ruby> | 간 |
|---|---|---|
| 충치 | 虫歯<ruby>むしば</ruby> | 무시바 |
| 한기 | 寒気<ruby>さむけ</ruby> | 사무케 |
| 천식 | 喘息<ruby>ぜんそく</ruby> | 젠소쿠 |
| 감기 | 風邪<ruby>かぜ</ruby> | 카제 |
| 변비 | 便秘<ruby>べんぴ</ruby> | 벰피 |
| 치통 | 歯痛<ruby>しつう</ruby> | 시츠− |
| 치매 | 痴呆症<ruby>ちほうしょう</ruby> | 치호−쇼− |
| 당뇨병 | 糖尿病<ruby>とうにょうびょう</ruby> | 토−뇨−뵤− |
| 설사 | 下痢<ruby>げり</ruby> | 게리 |
| 현기증 | 目眩<ruby>めまい</ruby> | 메마이 |
| 결핵 | 結核<ruby>けっかく</ruby> | 켁카쿠 |
| 장염 | 腸炎<ruby>ちょうえん</ruby> | 쵸−엔 |
| 폐렴 | 肺炎<ruby>はいえん</ruby> | 하이엔 |
| 발열 | 発熱<ruby>はつねつ</ruby> | 하츠네츠 |

## Unit 51 병② 病気② 118쪽

| 독감 | インフルエンザ | 잉후루엔자 |
|---|---|---|
| 식중독 | 食中毒<ruby>しょくちゅうどく</ruby> | 쇼쿠츄−도쿠 |
| 심장 마비 | 心臓麻痺<ruby>しんぞうまひ</ruby> | 신조−마히 |
| 두통 | 頭痛<ruby>ずつう</ruby> | 즈츠− |
| 영양실조 | 栄養失調<ruby>えいようしっちょう</ruby> | 에−요−싯쵸− |
| 간염 | 肝炎<ruby>かんえん</ruby> | 캉엔 |
| 가려움 | かゆみ | 카유미 |
| 불면증 | 不眠症<ruby>ふみんしょう</ruby> | 후민쇼− |
| 소화불량 | 消化不良<ruby>しょうかふりょう</ruby> | 쇼−카후료− |
| 메스꺼움 | 吐<ruby>は</ruby>き気<ruby>け</ruby> | 하키케 |
| 수두 | 水痘<ruby>すいとう</ruby> | 스이토− |
| 비만 | 肥満<ruby>ひまん</ruby> | 히만 |
| 골다공증 | 骨粗鬆症<ruby>こつそしょう</ruby> | 코츠소쇼− |
| 공포증 | 恐怖症<ruby>きょうふしょう</ruby> | 쿄−후쇼− |
| 중독 | 中毒<ruby>ちゅうどく</ruby> | 츄−도쿠 |
| 류머티즘 | 熱射病<ruby>ねっしゃびょう</ruby> | 넷샤뵤− |
| 골절 | 骨折<ruby>こつせつ</ruby> | 콧세츠 |
| 맹장염 | 盲腸炎<ruby>もうちょうえん</ruby> | 모−쵸−엔 |
| 위염 | 胃炎<ruby>いえん</ruby> | 이엔 |
| 뇌졸중 | 脳卒中<ruby>のうそっちゅう</ruby> | 노−솟츄− |
| 홍역 | 麻疹<ruby>はしか</ruby> | 하시카 |

| 궤양 | 潰瘍 | 카이요- |
| 스트레스 | ストレス | 스토레스 |
| 과로 | 過労 | 카로- |

## Unit 52 의약품 医薬品　120쪽

| 소화제 | 消化剤 | 쇼-카자이 |
| 감기약 | 風邪薬 | 카제구스리 |
| 위장약 | 胃腸薬 | 이쵸-야쿠 |
| 멀미약 | 酔い止め | 요이도메 |
| 안약 | 目薬 | 메구스리 |
| 해열제 | 解熱剤 | 게네츠자이 |
| 한약 | 漢方薬 | 캄포-야쿠 |
| 영양제 | 栄養剤 | 에-요-자이 |
| 습포제, 파스 | 湿布剤 | 십푸자이 |
| 설사약 | 下痢止め | 게리도메 |
| 지혈제 | 血止め | 치도메 |
| 비타민 | ビタミン | 비타민 |
| 무좀약 | 水虫薬 | 미즈무시구스리 |
| 가려울 때 바르는 약 | かゆみ止め | 카유미도메 |
| 기침약 | 咳止め | 세키도메 |
| 진통제 | 痛み止め | 이타미도메 |
| 붕대 | 包帯 | 호-타이 |
| 변비약 | 便秘薬 | 벰피야쿠 |
| 소염제 | 消炎剤 | 쇼-엔자이 |
| 아스피린 | アスピリン | 아스피린 |
| 수면제 | 睡眠薬 | 스이밍야쿠 |
| 연고 | 軟膏 | 낭코- |
| 반창고 | 絆創膏 | 반소-코- |
| 소독약 | 消毒薬 | 쇼-도쿠야쿠 |

## Part 03 자연과 취미

## Unit 53 계절과 날씨① 季節と天気①　124쪽

| 봄 | 春 | 하루 |
| 여름 | 夏 | 나츠 |
| 가을 | 秋 | 아키 |
| 겨울 | 冬 | 후유 |

| 춘하추동 | 春夏秋冬 | 슌카슈-토- |
| 꽃가루 알레르기 | 花粉症 | 카훈쇼- |
| 꽃샘추위 | 花冷え | 하나비에 |
| 장마 | 梅雨 | 츠유 |
| 한여름 | 真夏 | 마나츠 |
| 더위 | 暑さ | 아츠사 |
| 무덥다 | 蒸し暑い | 무시아츠이 |
| 늦더위 | 残暑 | 잔쇼 |
| 단풍 | 紅葉 | 모미지 |
| 단풍놀이 | 紅葉狩り | 모미지가리 |
| 낙엽 | 落ち葉 | 오치바 |
| 가을비 | 秋雨 | 아키사메 |
| 추위 | 寒さ | 사무사 |
| 얼음 | 氷 | 코-리 |
| 고드름 | 氷柱 | 츠라라 |
| 동상 | しもやけ | 시모야케 |
| 첫눈 | 初雪 | 하츠유키 |
| 눈사태 | 雪崩 | 나다레 |
| 눈싸움 | 雪合戦 | 유키갓센 |
| 눈사람 | 雪だるま | 유키다루마 |

## Unit 54 계절과 날씨② 季節と天気②　126쪽

| 일기예보 | 天気予報 | 텡키요호- |
| 맑음 | 晴れ | 하레 |
| 흐림 | 曇り | 쿠모리 |
| 비 | 雨 | 아메 |
| 눈 | 雪 | 유키 |
| 바람 | 風 | 카제 |
| 강풍 | 強風 | 쿄-후- |
| 서리 | 霜 | 시모 |
| 태풍 | 台風 | 타이후- |
| 천둥 | 雷 | 카미나리 |
| 폭풍 | 嵐 | 아라시 |
| 비구름 | 雨雲 | 아마구모 |
| 자외선 | 紫外線 | 시가이센 |
| 안개 | 霧 | 키리 |
| 고기압 | 高気圧 | 코-키아츠 |
| 저기압 | 低気圧 | 테-키아츠 |

| | | |
|---|---|---|
| 번개 | 稲妻 (いなずま) | 이나즈마 |
| 우박 | 雹 (ひょう) | 효- |
| 가뭄 | 日照り (ひで) | 히데리 |
| 소나기 | 夕立 (ゆうだち) | 유-다치 |
| 가랑비 | 霧雨 (きりさめ) | 키리사메 |
| 눈보라 | 吹雪 (ふぶき) | 후부키 |
| 홍수 | 洪水 (こうずい) | 코-즈이 |
| 습도 | 湿度 (しつど) | 시츠도 |

## Unit 55 요일과 달 曜日と月 (ようびとつき)　　128쪽

| | | |
|---|---|---|
| 달력 | カレンダー | 카렌다- |
| 월요일 | 月曜日 (げつようび) | 게츠요-비 |
| 화요일 | 火曜日 (かようび) | 카요-비 |
| 수요일 | 水曜日 (すいようび) | 스이요-비 |
| 목요일 | 木曜日 (もくようび) | 모쿠요-비 |
| 금요일 | 金曜日 (きんようび) | 킹요-비 |
| 토요일 | 土曜日 (どようび) | 도요-비 |
| 일요일 | 日曜日 (にちようび) | 니치요-비 |
| 지난주 | 先週 (せんしゅう) | 센슈- |
| 이번 주 | 今週 (こんしゅう) | 콘슈- |
| 1월 | 一月 (いちがつ) | 이치가스 |
| 2월 | 二月 (にがつ) | 니가스 |
| 3월 | 三月 (さんがつ) | 상가스 |
| 4월 | 四月 (しがつ) | 시가스 |
| 5월 | 五月 (ごがつ) | 고가스 |
| 6월 | 六月 (ろくがつ) | 로쿠가스 |
| 7월 | 七月 (しちがつ) | 시치가스 |
| 8월 | 八月 (はちがつ) | 하치가스 |
| 9월 | 九月 (くがつ) | 쿠가스 |
| 10월 | 十月 (じゅうがつ) | 쥬-가스 |
| 11월 | 十一月 (じゅういちがつ) | 쥬-이치가스 |
| 12월 | 十二月 (じゅうにがつ) | 쥬-니가스 |
| 월초 | 月初め (つきはじめ) | 츠키하지메 |
| 월말 | 月末 (げつまつ) | 게츠마츠 |

## Unit 56 시간 時間 (じかん)　　130쪽

| | | |
|---|---|---|
| 하루 | 一日 (いちにち) | 이치니치 |
| 반나절 | 半日 (はんにち) | 한니치 |
| 오늘 | 今日 (きょう) | 코- |

| | | |
|---|---|---|
| 어저께 | 昨日 (きのう) | 키노- |
| 그저께 | 一昨日 (おととい) | 오토토이 |
| 내일 | 明日 (あした) | 아시타 |
| 모레 | 明後日 (あさって) | 아삿테 |
| 아침 | 朝 (あさ) | 아사 |
| 오전 | 午前 (ごぜん) | 고젠 |
| 정오 | 正午 (しょうご) | 쇼-고 |
| 낮 | 昼 (ひる) | 히루 |
| 오후 | 午後 (ごご) | 고고 |
| 저녁 | 夕方 (ゆうがた) | 유-가타 |
| 밤 | 夜 (よる) | 요루 |
| 지난밤 | 昨夜 (さくや) | 사쿠야 |
| 오늘밤 | 今夜 (こんや) | 콩야 |
| 한밤중 | 真夜中 (まよなか) | 마요나카 |
| 새벽 | 夜明け (よあけ) | 요아케 |
| 해뜰녘 | 朝方 (あさがた) | 아사가타 |
| 몇시몇분몇초 | 何時何分何秒 (なんじなんぷんなんびょう) | 난지남푼남뵤- |
| 1시간 | 一時間 (いちじかん) | 이치지칸 |
| 3시-6시-9시 | 三時-六時-九時 (さんじ-ろくじ-くじ) | 산지-로쿠지-쿠지 |
| 10시 15분 | 十時十五分 (じゅうじじゅうごふん) | 쥬-지쥬-고훈 |
| 30분 | 三十分 / 半 (さんじゅっぷん / はん) | 산쥬-푼 / 한 |

## Unit 57 탄생석과 별자리 誕生石と星座 (たんじょうせきとせいざ)　　132쪽

| | | |
|---|---|---|
| 석류석 | ガーネット | 가-넷토 (1월) |
| 자수정 | アメジスト | 아메지스토 (2월) |
| 아쿠아린 | アクアマリン | 아쿠아마린 (3월) |
| 다이아몬드 | ダイヤモンド | 다이아몬도 (4월) |
| 에메랄드 | エメラルド | 에메라루도 (5월) |
| 진주 | パール | 파-루 (6월) |
| 루비 | ルビー | 루비- (7월) |
| 페리도트 | ペリドット | 페리돗토 (8월) |
| 사파이어 | サファイア | 사화이아 (9월) |
| 오팔 | オパール | 오파-루 (10월) |
| 토파즈 | トパーズ | 토파-즈 (11월) |
| 터키석 | ターコイズ | 타-코이즈 (12월) |
| 염소자리 | 山羊座 (やぎざ) | 야기자(12월22일 ~1월20일) |
| 물병자리 | 水瓶座 (みずがめざ) | 미즈가메자(1월21일 ~2월18일) |

**245**

| 물고기자리 | 魚座（うおざ） | 우오자(2月19日~3月20日) |
| --- | --- | --- |
| 양자리 | 牡羊座（おひつじざ） | 오히츠지자(3月21日~4月19日) |
| 황소자리 | 牡牛座（おうしざ） | 오우시자(4月20日~5月20日) |
| 쌍둥이자리 | 双子座（ふたござ） | 후타고자(5月21日~6月21日) |
| 게자리 | 蟹座（かにざ） | 카니자(6月22日~7月22日) |
| 사자자리 | 獅子座（ししざ） | 시시자(7月23日~8月22日) |
| 처녀자리 | 乙女座（おとめざ） | 오토메자(8月23日~9月22日) |
| 천칭자리 | 天秤座（てんびんざ） | 템빈자(9月23日~10月22日) |
| 전갈자리 | 蠍座（さそりざ） | 사소리자(10月23日~11月22日) |
| 사수자리 | 射手座（いてざ） | 이테자(11月23日~12月21日) |

## Unit 58 영화 映画（えいが）　134쪽

| 할리우드 영화 | ハリウッド映画（えいが） | 하리웃도에-가 |
| --- | --- | --- |
| 관객 | 観客（かんきゃく） | 캉캬쿠 |
| 광고판 | 広告板（こうこくばん） | 코-코쿠반 |
| 블록버스터(흥행 성공작) | ブロックバスター | 부록쿠바스타- |
| 더빙 | 吹き替え（ふきかえ） | 후키카에 |
| 자막 | 字幕（じまく） | 지마쿠 |
| 매표소 | きっぷ売り場（うば） | 킵푸우리바 |
| 시사회 | 試写会（ししゃかい） | 시샤카이 |
| 희극 영화 | コメディー映画（えいが） | 코메디-에-가 |
| 감독 | 監督（かんとく） | 칸토쿠 |
| 여배우 | 女優（じょゆう） | 조유- |
| 남자배우 | 俳優（はいゆう）/男優（だんゆう） | 하이유-/당유- |
| 스태프 | スタッフ | 스탑후 |
| 재난 영화 | 災難映画（さいなんえいが） | 사이낭에-가 |
| 개봉 | 封切り（ふうぎり） | 후-기리 |
| 속편 | 続編（ぞくへん） | 조쿠헨 |
| 단편 영화 | 短編映画（たんぺんえいが） | 탐펭에-가 |
| 공포 영화 | ホラー映画（えいが） | 호라-에-가 |
| 영화관 | 映画館（えいがかん） | 에-가칸 |
| 스크린 | スクリーン | 스쿠리-인 |
| 공상 과학 영화 | SF映画（えいが） | 에스에후에-가 |
| 관객 연령 제한 | レイティング | 레이팅구 |

| 공포 영화 | スリラー | 스리라- |
| --- | --- | --- |
| 영화 예고편 | 予告編（よこくへん） | 요코쿠헨 |

## Unit 59 취미 趣味（しゅみ）　136쪽

| 여행 | 旅行（りょこう） | 료코- |
| --- | --- | --- |
| 등산 | 山登り（やまのぼり） | 야마노보리 |
| 음악 감상 | 音楽鑑賞（おんがくかんしょう） | 옹가쿠칸쇼- |
| 낚시 | 釣り（つり） | 츠리 |
| 독서 | 読書（どくしょ） | 독쇼 |
| 요리 | 料理（りょうり） | 료-리 |
| 영화 감상 | 映画鑑賞（えいがかんしょう） | 에-가칸쇼- |
| 그림 그리기 | 絵描き（えかき） | 에카키 |
| 사진 촬영 | 写真撮影（しゃしんさつえい） | 샤신사츠에- |
| 게임 | ゲーム | 게-무 |
| 바둑 | 囲碁（いご） | 이고 |
| 봉사 | ボランティア | 보란티아 |
| 꽃꽂이 | 生け花（いけばな） | 이케바나 |
| 댄스, 춤 | ダンス | 단스 |
| 장기 | 将棋（しょうぎ） | 쇼-기 |
| 우표 수집 | 切手コレクション（きって） | 킷테코레쿠숀 |
| 서예 | 書道（しょどう） | 쇼도- |
| 운동 | 運動（うんどう） | 운도- |
| 악기 연주 | 楽器演奏（がっきえんそう） | 각키엔소- |
| 드라이브 | ドライブ | 도라이부 |
| 뜨개질 | 編み物（あみもの） | 아미모노 |
| 정원 가꾸기 | ガーデニング | 가-데닝구 |
| 당구 | ビリヤード | 비리야-도 |
| 종이접기 | 折り紙（おがみ） | 오리가미 |

## Unit 60 스포츠① スポーツ①　138쪽

| 수영 | 水泳（すいえい） | 스이에- |
| --- | --- | --- |
| 양궁 | アーチェリー | 아-체리- |
| 육상 경기 | 陸上競技（りくじょうきょうぎ） | 리쿠죠-쿄-기 |
| 배드민턴 | バドミントン | 바도민톤 |
| 야구 / 소프트볼 | 野球（やきゅう）/ ソフトボール | 야큐-/소후토보-루 |
| 농구 | バスケットボール | 바스켓토보-루 |
| 권투 | ボクシング | 복싱구 |
| 카누 | カヌー | 카누- |
| 사이클링 | サイクリング | 사이쿠링구 |

| 마술 | 馬術 | 바쥬츠 |
|---|---|---|
| 펜싱 | フェンシング | 휀싱구 |
| 축구 | サッカー | 삭카- |
| 골프 | ゴルフ | 고루후 |
| 체조 | 体操 | 타이소- |
| 핸드볼 | ハンドボール | 한도보-루 |
| 하키 | ホッケー | 혹케- |
| 유도 | 柔道 | 쥬-도- |
| 가라테 | 空手 | 카라테 |
| 근대 5종 | 近代五種 | 킨다이고슈 |
| 보트 | ボート | 보-토 |
| 럭비 | ラグビー | 라구비 |
| 세일링 | セーリング | 세-링구 |
| 사격 | 射撃 | 샤게키 |
| 스케이트보드 | スケートボード | 스케-토보-도 |

## Unit 61 스포츠② スポーツ②   140쪽

| 스포츠 클라이밍 | スポーツクライミング | 스포-츠쿠라이밍구 |
|---|---|---|
| 서핑 | サーフィン | 사-휜 |
| 탁구 | 卓球 | 탁큐- |
| 태권도 | テコンドー | 테콘도- |
| 테니스 | テニス | 테니스 |
| 3종 경기(장거리 수영, 자전거, 마라톤) | トライアスロン | 토라이아스론 |
| 배구 | バレーボール | 바레-보-루 |
| 역도 | 重量挙げ | 쥬-로-아게 |
| 레슬링 | レスリング | 레스링구 |
| 알파인 스키 | アルペンスキー | 아르펜스키- |
| 바이애슬론(스키와 사격을 겸한 경기) | バイアスロン | 바이아스론 |
| 봅슬레이 | ボブスレー | 보부스레- |
| 크로스컨트리 스키 | クロスカントリースキー | 크로스칸토리-스키- |
| 컬링 | カーリング | 카-링구 |
| 피겨 스케이팅 | フィギュアスケート | 휘규아스케-토 |
| 스키 자유형 | フリースタイルスキー | 후리-스타이루스키- |
| 아이스하키 | アイスホッケー | 아이스혹케- |
| 루지(1인용 경주용 썰매) | リュージュ | 류-쥬 |
| 노르딕 복합 경기 | ノルディック複合 | 노루딕쿠후쿠고- |

| 쇼트 트랙 경기 | ショートトラックスピードスケート | 쇼-토토락쿠스피-도스케-토 |
|---|---|---|
| 스켈레톤 경기(엎드린 자세로 행하는 속도 경기) | スケルトン | 스케루톤 |
| 스키 점프 | スキージャンプ | 스키-쟘푸 |
| 스노보드 | スノーボード | 스노-보-도 |
| 스피드 스케이팅 | スピードスケート | 스피-도스케-토 |

## Unit 62 종교 宗教   142쪽

| 기독교 | キリスト教 | 키리스토쿄- |
|---|---|---|
| 천주교 | カトリック教 | 카토릭쿠쿄- |
| 불교 | 仏教 | 북쿄- |
| 유교 | 儒教 | 쥬쿄- |
| 힌두교 | ヒンズー教 | 힌즈-쿄- |
| 이슬람교 | イスラム教 | 이스라무쿄- |
| 교회 | 教会 | 쿄-카이 |
| 예배 | 礼拝 | 레-하이 |
| 성경 | 聖書 | 세-쇼 |
| 찬송가 | 賛美歌 | 삼비카 |
| 예수 | イエス | 이에스 |
| 하느님 | 神 | 카미 |
| 부활 | 復活 | 훅카츠 |
| 성당 | 聖堂 | 세-도- |
| 미사 | ミサ | 미사 |
| 세례 | 洗礼 | 센레- |
| 신부 | 神父 | 심푸 |
| 수녀 | 修女 | 슈-죠 |
| 십자가 | 十字架 | 쥬-지카 |
| 절 | 寺 | 테라 |
| 부처 | 仏 | 호토케 |
| 극락 | 極楽 | 고쿠라쿠 |
| 석가 | 釈迦 | 샤카 |
| 신사 | 神社 | 진쟈 |

## Unit 63 전통 伝統   144쪽

| 전통 | 伝統 | 덴토- |
|---|---|---|
| 유산 | 遺産 | 이산 |
| 다도 | 茶道 | 사도- |
| 꽃꽂이 | 生け花 | 이케바나 |
| 서예 | 書道 | 쇼도- |

| | | |
|---|---|---|
| 노 | 能 <sub>のう</sub> | 노- |
| 가부키 | 歌舞伎 <sub>か ぶ き</sub> | 카부키 |
| 쿄겐 | 狂言 <sub>きょうげん</sub> | 쿄-겐 |
| 분락 | 文楽 <sub>ぶんらく</sub> | 분라쿠 |
| 만담 | 漫才 <sub>まんざい</sub> | 만자이 |
| 하이쿠 | 俳句 <sub>はい く</sub> | 하이쿠 |
| 단가 | 短歌 <sub>たん か</sub> | 탕카 |
| 일본 정원 | 日本庭園 <sub>に ほんていえん</sub> | 니혼테-엔 |
| 인형극 | 人形浄瑠璃 <sub>にんぎょうじょう る り</sub> | 닝교-죠-루리 |
| 스모 | 相撲 <sub>す もう</sub> | 스모- |
| 기모노 | 着物 <sub>き もの</sub> | 키모노 |
| 유카타 | 浴衣 <sub>ゆかた</sub> | 유카타 |
| 일본화 | 日本画 <sub>に ほん が</sub> | 니홍가 |
| 풍속화 | 浮世絵 <sub>うき よ え</sub> | 우키요에 |
| 일본 무용 | 日本舞踊 <sub>に ほん ぶ よう</sub> | 니홈부요- |
| 황거 | 皇居 <sub>こうきょ</sub> | 코-쿄 |
| 천황 | 天皇 <sub>てんのう</sub> | 텐노- |
| 황후 | 皇后 <sub>こうごう</sub> | 코-고- |
| 황태자 | 皇太子 <sub>こうたい し</sub> | 코-타이시 |

## Unit 64 환경 環境 <sub>かんきょう</sub>  146쪽

| | | |
|---|---|---|
| 대기 오염 | 大気汚染 <sub>たい き お せん</sub> | 타이키오센 |
| 대체 에너지 | 代替エネルギー <sub>だいたい</sub> | 다이타이에네루기- |
| 기후 변화 | 気候変動 <sub>き こうへんどう</sub> | 키코-헨도- |
| 배출 | 排出 <sub>はいしゅつ</sub> | 하이슈츠 |
| 멸종 위기종 | 絶滅危惧種 <sub>ぜつめつ き ぐ しゅ</sub> | 제츠메츠키구슈 |
| 에너지 위기 | エネルギー危機 <sub>き き</sub> | 에네루기-키키 |
| 환경오염 | 環境汚染 <sub>かんきょう お せん</sub> | 캉쿄-오센 |
| 배기가스 | 排気ガス <sub>はい き</sub> | 하이키가스 |
| 방사능낙진 | 放射能降灰 <sub>ほうしゃのうこうはい</sub> | 호-샤노-코-하이 |
| 화석연료 | 化石燃料 <sub>か せきねんりょう</sub> | 카세키넨료- |
| 매연 | ばい煙 <sub>えん</sub> | 바이엔 |
| 지구온난화 | 地球温暖化 <sub>ち きゅうおんだん か</sub> | 치큐온당카 |
| 온실효과 | 温室効果 <sub>おんしつこう か</sub> | 온시츠코-카 |
| 핵분열 | 核分裂 <sub>かくぶんれつ</sub> | 카쿠분레츠 |
| 공해 | 公害 <sub>こうがい</sub> | 코-가이 |
| 산림벌채 | 森林伐採 <sub>しんりんばっさい</sub> | 신린밧사이 |
| 환경호르몬 | 環境ホルモン <sub>かんきょう</sub> | 캉쿄-호루몬 |
| 재활용 | リサイクル | 리사이쿠루 |

| | | |
|---|---|---|
| 오존층 파괴 | オゾン層破壊 <sub>そう は かい</sub> | 오존소-하카이 |
| 식량문제 | 食糧問題 <sub>しょくりょうもんだい</sub> | 쇼쿠료-몬다이 |
| 토양오염 | 土壌汚染 <sub>ど じょう お せん</sub> | 도죠-오센 |
| 산성비 | 酸性雨 <sub>さんせい う</sub> | 산세-우 |
| 수질오염 | 水質汚染 <sub>すいしつ お せん</sub> | 스이시츠오센 |
| 사막화 | 砂漠化 <sub>さ ばく か</sub> | 사바쿠카 |

## Unit 65 식물 植物 <sub>しょくぶつ</sub>  148쪽

| | | |
|---|---|---|
| 무궁화 | ムクゲ | 무쿠게 |
| 장미 | バラ | 바라 |
| 해바라기 | ひまわり | 히마와리 |
| 민들레 | たんぽぽ | 탐포포 |
| 수선화 | すいせん | 스이센 |
| 카네이션 | カーネーション | 카-네-숀 |
| 튤립 | チューリップ | 츄-립푸 |
| 진달래 | つつじ | 츠츠지 |
| 나팔꽃 | 朝顔 <sub>あさがお</sub> | 아사가오 |
| 벚꽃 | 桜 <sub>さくら</sub> | 사쿠라 |
| 국화 | 菊 <sub>きく</sub> | 키쿠 |
| 연꽃 | 蓮の花 <sub>はす はな</sub> | 하스노하나 |
| 코스모스 | コスモス | 코스모스 |
| 제비꽃 | 菫 <sub>すみれ</sub> | 스미레 |
| 모란 | 牡丹 <sub>ぼ たん</sub> | 보탄 |
| 억새 | すすき | 스스키 |
| 씨앗, 잎, 가지, 뿌리, 열매 | 種, 葉っぱ, 枝, 根, 実 <sub>たね は えだ ね み</sub> | 타네, 합파, 에다, 네, 미 |
| 대나무 | 竹 <sub>たけ</sub> | 타케 |
| 소나무 | 松 <sub>まつ</sub> | 마츠 |
| 버드나무 | 柳 <sub>やなぎ</sub> | 야나기 |
| 은행나무 | いちょう | 이쵸- |
| 떡갈나무 | 柏 <sub>かしわ</sub> | 카시와 |
| 이끼 | こけ | 코케 |
| 선인장 | サボテン | 사보텐 |

## Unit 66 동물 動物 <sub>どうぶつ</sub>  150쪽

| | | |
|---|---|---|
| 개 | 犬 <sub>いぬ</sub> | 이누 |
| 돼지 | 豚 <sub>ぶた</sub> | 부타 |
| 멧돼지 | いのしし | 이노시시 |
| 말 | 馬 <sub>うま</sub> | 우마 |
| 소 | 牛 <sub>うし</sub> | 우시 |

| 고양이 | 猫 | 네코 |
| 쥐 | 鼠 | 네즈미 |
| 캥거루 | カンガルー | 캉가루- |
| 토끼 | 兎 | 우사기 |
| 곰 | 熊 | 쿠마 |
| 코끼리 | 象 | 조- |
| 늑대 | 狼 | 오-카미 |
| 여우 | 狐 | 키츠네 |
| 사슴 | 鹿 | 시카 |
| 원숭이 | 猿 | 사루 |
| 기린 | 麒麟 | 키린 |
| 낙타 | 駱駝 | 라쿠다 |
| 고릴라 | ゴリラ | 고리라 |
| 너구리 | 狸 | 타누키 |
| 호랑이 | 虎 | 토라 |
| 사자 | 獅子, ライオン | 시시, 라이온 |
| 표범 | 豹 | 효- |
| 팬더 | パンダ | 판다 |
| 뱀 | 蛇 | 헤비 |

## Unit 67 새와 곤충 鳥と昆虫  152쪽

| 참새 | 雀 | 스즈메 |
| 까치 | かささぎ | 카사사기 |
| 앵무새 | 鸚鵡 | 오-무 |
| 독수리 | 鷲 | 와시 |
| 매 | 鷹 | 타카 |
| 올빼미 | 梟 | 후쿠로- |
| 부엉이 | みみずく | 미미즈쿠 |
| 공작 | 孔雀 | 쿠쟈쿠 |
| 까마귀 | 烏 | 카라스 |
| 비둘기 | 鳩 | 하토 |
| 기러기 | 雁 | 강/카리 |
| 제비 | 燕 | 츠바메 |
| 갈매기 | 鴎 | 카모메 |
| 나비 | 蝶 | 쵸- |
| 파리 | 蝿 | 하에 |
| 벌 | 蜂 | 하치 |
| 무당벌레 | 天道虫 | 텐토-무시 |
| 개똥벌레 | 蛍 | 호타루 |

| 잠자리 | トンボ | 톰보 |
| 모기 | 蚊 | 카 |
| 메뚜기 | 飛蝗 | 밧타 |
| 바퀴벌레 | ゴキブリ | 고키부리 |
| 거미 | 蜘蛛 | 쿠모 |
| 귀뚜라미 | コオロギ | 코-로기 |

# Part 04 교통과 여행

## Unit 68 공항① 空港①  156쪽

| 관제탑 | 管制塔 | 칸세-토- |
| 활주로 | 滑走路 | 캇소-로 |
| 여객기 | 旅客機 | 료카쿠키 |
| 여객터미널 | 旅客ターミナル | 료카쿠타-미나루 |
| 공항라운지 | 空港ラウンジ | 쿠-코-라운지 |
| 카운터 | カウンター | 카운타- |
| 항공사 | 航空会社, エアライン | 코-쿠-가이샤, 에아라인 |
| 비행 정보 | フライト情報 | 후라이토죠-호- |
| 항공기 편명 | 航空機便名, フライトナンバー | 코-쿠-키빔메-, 후라이토남바- |
| 게이트 | ゲート | 게-토 |
| 면세점 | 免税店 | 멘제-텡 |
| 국내선 | 国内線 | 코쿠나이센 |
| 국제선 | 国際線 | 콕사이센 |
| 환전소 | 両換所 | 료-가에쇼 |
| 경유지 | 経由地 | 케-유치 |
| 착륙 | 着陸 | 챠쿠리쿠 |
| 이륙 | 離陸 | 리리쿠 |
| 여권 | パスポート | 파스포-토 |
| 탑승권 | 搭乗券 | 토-죠-켄 |
| 비자 | ビザ | 비자 |
| 예약 대기 | キャンセル待ち | 칸세루마치 |
| 편도 | 片道 | 카타미치 |
| 왕복 | 往復 | 오-후쿠 |
| 공항 시설 이용료, 공항세 | 空港使用料 | 쿠-코-시요-료- |

## Unit 69 공항② 空港②  158쪽

| 보안검색 | セキュリティチェック | 세큐리티쳌쿠 |

| 입국심사 | 入国審査 | 뉴-코쿠신사 |
| 입국수속 | 入国手続き | 뉴-코쿠테츠즈키 |
| 출국심사 | 出国審査 | 슉코쿠신사 |
| 출국수속 | 出国手続き | 슉코쿠테츠즈키 |
| 수화물표, 꼬리표 | 手荷物預かり証, 荷札 | 테니모츠아즈카리쇼-, 니후다 |
| 귀중품 | 貴重品 | 키쵸-힝 |
| 짐을 맡기다 | 荷物を預ける | 니모츠오아즈케루 |
| 수화물 보관소 | 手荷物預かり所 | 테니모츠아즈카리쇼 |
| 수화물 찾는 곳 | 手荷物受取所 | 테니모츠우케토리쇼 |
| 카트, 손수레 | カート | 카-토 |
| 슈트케이스 | スーツケース | 스-츠케-스 |
| 검역소 | 検疫所 | 켕에키쇼 |
| 세관원 | 税関職員 | 제-칸쇼쿠인 |
| 탑승수속 | 搭乗手続き | 토-죠-테츠즈키 |
| 금속탐지기 | 金属探知機 | 킨조쿠탄치키 |
| 반입금지품 | 持ち込み禁止品 | 모치코미킨시힝 |
| 관세 | 関税 | 칸제- |
| 목적지 | 目的地 | 모쿠테키치 |
| 방문 목적 | 訪問目的 | 호-몬모쿠테키 |
| 체류 기간 | 滞留期間 | 타이류-키칸 |
| 도중하차, 기착 | ストップオーバー | 스톱푸오-바- |
| 연착, 딜레이 | ディレー | 디레- |
| 대기 | 待機 | 타이키 |

## Unit 70 비행기① 飛行機①   160쪽

| 조종석 | コックピット | 콕쿠핏토 |
| 기장 | 機長 | 키쵸- |
| 부기장 | 副機長 | 후쿠키쵸- |
| 객실승무원 | 客室乗務員 | 캬쿠시츠죠-무잉 |
| 여자 승무원(스튜어디스) | スチュワーデス | 스츄와-데스 |
| 남자 승무원(스튜어드) | スチュワード | 스츄와-도 |
| 승객 | 乗客 | 죠-캬쿠 |
| 기내 | 機内 | 키나이 |
| 독서등 | 読書灯 | 독쇼토- |
| 모니터 | モニター | 모니타- |
| 호출버튼 | 呼び出しボタン | 요비다시보탄 |
| 안전벨트 | シートベルト | 시-토베루토 |

| 구명조끼 | 救命胴衣 | 큐-메-도-이 |
| 짐 넣는 선반 | 荷物ラック | 니모츠락쿠 |
| 통로 | 通路 | 츠-로 |
| 통로 측 좌석 | 通路側の席 | 츠-로가와노세키 |
| 창가 측 좌석 | 窓側の席 | 마도가와노세키 |
| 좌석번호 | 座席番号 | 자세키방고- |
| 비상구 | 非常口 | 히죠-구치 |
| 일등석 | ファーストクラス | 화-스토쿠라스 |
| 비즈니스석 | ビジネスクラス | 비지네스쿠라스 |
| 일반석 | エコノミークラス | 에코노미-쿠라스 |
| 기내식 | 機内食 | 키나이쇼쿠 |
| 기내면세품 | 機内免税品 | 키나이멘제-힝 |

## Unit 71 비행기② 飛行機②   162쪽

| 시차 피로 | 時差ぼけ | 지사보케 |
| 비행기 멀미 | 乗り物酔い | 노리모노요이 |
| 긴급 사태 | 緊急事態 | 킨큐-지타이 |
| 고도 | 高度 | 코-도 |
| 난기류 | 乱気流 | 랑키류- |
| 불시착 | 不時着 | 후지챠쿠 |
| 도착지 날씨 | 到着地の天候 | 토-챠쿠치노텡코- |
| 현지 시간 | 現地時間 | 겐치지칸 |
| 기내 서비스 | 機内サービス | 키나이사-비스 |
| 신문 | 新聞 | 심분 |
| 잡지 | 雑誌 | 잣시 |
| 이어폰 | イヤホン | 이야혼 |
| 음료수 | 飲み物 | 노미모노 |
| 안대 | 目隠し | 메카쿠시 |
| 담요 | 毛布 | 모-후 |
| 베개 | 枕 | 마쿠라 |
| 입국카드 | 入国カード | 뉴-코쿠카-도 |
| 세관 신고서 | 税関申告書 | 제-칸신코쿠쇼 |
| 출국카드 | 出国カード | 슉코쿠카-도 |
| 기내 휴대수하물 | 機内持ち込み手荷物 | 키나이모치코미테니모츠 |
| 기내로 휴대 가능한 가방 | キャリーバッグ | 캬리-박구 |
| 화장실(비었음) | 空き | 아키 |
| 화장실(사용중) | 使用中 | 시요-추- |

| 레그룸(다리 뻗는 공간)레크룸 | 레쿠루-무 |
| --- | --- |

## Unit 72 교통수단 交通手段/乗り物　164쪽

| 비행기 | 飛行機 | 히코-키 |
| --- | --- | --- |
| 구급차 | 救急車 | 큐-큐-샤 |
| 열기구 | 熱気球 | 네츠키큐- |
| 컨버터블 | コンバーチブル | 콤바-치부루 |
| 캠핑카 | キャンピングカー | 캼핑구카- |
| 자전거 | 自転車 | 지텐샤 |
| 배 | 船 | 후네 |
| 버스 | バス | 바스 |
| 소방차 | 消防車 | 쇼-보-샤 |
| 지게차 | フォークリフト | 훠-쿠리후토 |
| 헬리콥터 | ヘリコプター | 헤리코푸타- |
| 오토바이 | バイク | 바이쿠 |
| 견인차 | レッカー車, 牽引車 | 레카-샤, 켕인샤 |
| 순찰차 | パトロールカー / パトカー | 파토로-루카- / 파토카- |
| 트럭 | トラック | 토락쿠 |
| 잠수함 | 潜水艦 | 센스이칸 |
| 스쿠터 | スクーター | 스쿠-타- |
| 지하철 | 地下鉄 | 치카테츠 |
| 택시 | タクシー | 탁시- |
| 크레인 | クレーン | 쿠레엔 |
| 기차 | 汽車 | 키샤 |
| 전철 | 電車 | 덴샤 |
| 유람선 | 遊覧船 | 유-란센 |
| 케이블카 | ケーブルカー | 케-부루카- |

## Unit 73 교통수단_자동차 交通手段_自動車　166쪽

| 가속장치 | アクセル | 악세루 |
| --- | --- | --- |
| 자동기어 | オートマチック | 오-토마칙쿠 |
| 연료 표시기 | 燃料計, フューエルゲージ | 넨료-케-, 휴-에루게-지 |
| 브레이크 | ブレーキ | 부레-키 |
| 에어백 | エアバッグ | 에아박구 |
| 안전벨트 | シートベルト | 시-토베루토 |
| 핸들 | ハンドル | 한도루 |
| 경적, 클랙슨 | クラクション | 쿠락숀 |
| 변속기 | スピードメーター | 스피-도메-타- |

| 운전석 | 運転席 | 운텐세키 |
| --- | --- | --- |
| 조수석 | 助手席 | 죠슈세키 |
| 보닛 | ボンネット | 본넷토 |
| 범퍼 | バンパー | 밤파- |
| 전조등 | ライト | 라이토 |
| 와이퍼 | ワイパー | 와이파- |
| 사이드미러 | サイドミラー | 사이도미라- |
| 백미러 | バックミラー | 박쿠미라- |
| 뒷좌석 | 後部座席 | 코-부자세키 |
| 방향지시등 | ウィンカー | 윙카- |
| 번호판 | ナンバープレート | 남바-푸레-토 |
| 트렁크 | トランク | 토랑쿠 |
| 타이어 | タイヤ | 타이야 |
| 선루프 | サンルーフ | 산루-후 |
| 배터리 | バッテリー | 밧테리- |

## Unit 74 교통수단_버스 交通手段_バス　168쪽

| 버스 운전기사 | バス運転手 | 바스운텐슈 |
| --- | --- | --- |
| 버스 요금 | バス料金 | 바스료-킹 |
| 버스여행 | バス旅行 | 바스료코- |
| 버스전용차로 | バスレーン | 바스레-엔 |
| 버스정류장 | バス停 | 바스테- |
| 버스승강장 | バス乗り場 | 바스노리바 |
| 버스터미널 | バスターミナル | 바스타-미나루 |
| 고속버스 | 高速バス | 고-소쿠바스 |
| 관광버스 | 観光バス | 캉코-바스 |
| 리무진버스 | リムジンバス | 리무진바스 |
| 시내버스 | 市内バス | 시나이바스 |
| 도쿄관광버스 | はとバス | 하토바스 |
| 전세버스 | 貸切バス | 카시키리바스 |
| 심야버스 | 夜行バス | 야코-바스 |
| 이층버스 | 二階バス | 니카이바스 |
| 장거리버스 | 長距離バス | 쵸-쿄리바스 |
| 앞문으로 타는 버스 | 前乗りバス | 마에노리바스 |
| 뒷문으로 타는 버스 | 後乗りバス | 우시로노리바스 |
| 버스를 타다 | バスに乗る | 바스니노루 |
| 버스에서 내리다 | バスを降りる | 바스오오리루 |
| 버스가 오다 | バスが来る | 바스가쿠루 |
| 버스가 멈추다 | バスが止まる | 바스가토마루 |

| 버스가 출발하다 | バスが出る | 바스가데루 |
| 버스 요금을 지불하다 | バス料金を払う | 바스료-킹오하라우 |

## Unit 75 교통수단_지하철 交通手段_地下鉄 170쪽

| 지하철(지하로 다니는 전동열차) | 地下鉄 | 치카테츠 |
| 전철(지상으로 다니는 전동열차) | 電車 | 덴샤 |
| 역 | 駅 | 에키 |
| 노선도 | 路線図 | 로센즈 |
| 환승 | 乗り換え | 노리카에 |
| 특급 | 特急 | 톡큐- |
| 급행 | 急行 | 큐-코- |
| 쾌속 | 快速 | 카이소쿠 |
| 보통열차 | 普通列車 | 후츠-렛샤 |
| 첫차 | 始発 | 시하츠 |
| 막차 | 終電 | 슈-덴 |
| 시각표 | 時刻表 | 지코쿠효- |
| 표 | 切符 | 킵푸 |
| 정기권 | 定期券 | 테-키켄 |
| 매표소 | 切符売り場 | 킵푸우리바 |
| 자동 발매기 | 自動券売機 | 지도-켐바이키 |
| 창구 | 窓口 | 마도구치 |
| 역무원 | 駅員 | 에키인 |
| 개찰구 | 改札口 | 카이사츠구치 |
| 정산기 | 精算機 | 세-상키 |
| 출구 | 出口 | 데구치 |
| 상행선 | 上り | 노보리 |
| 하행선 | 下り | 쿠다리 |
| 플랫폼 | ホーム | 호-무 |

## Unit 76 교통수단_택시, 자전거 交通手段_タクシー、自転車 172쪽

| 택시 승강장 | タクシー乗り場 | 탁시-노리바 |
| 기본요금 | 初乗り運賃 | 하츠노리운칭 |
| 할증 요금 | 割増料金 | 와리마시료-킹 |
| 합승 | 相乗り | 아이노리 |
| 빈차 | 空車 | 쿠-샤 |
| 예약 | 予約 | 요야쿠 |
| 자동문 | 自動ドア | 지도-도아 |

| 지름길 | 近道 | 치카미치 |
| 길을 돌아서 감 | 回り道 | 마와리미치 |
| 택시를 잡다 | タクシーを拾う | 탁시-오히로우 |
| 택시를 세우다 | タクシーを止める | 탁시-오토메루 |
| 택시를 부르다 | タクシーを呼ぶ | 탁시-오요부 |
| 자전거 주차장 | 駐輪場 | 츄-린죠- |
| 자전거전용도로 | 自転車専用道路 | 지텐샤셍요-도-로 |
| 방범 등록 | 防犯登録 | 보-한토-로쿠 |
| 방치자전거 | 放置自転車 | 호-치지텐샤 |
| 자전거 앞에 달린 바구니 | 前かご | 마에카고 |
| 자전거 가게 | 自転車屋 | 지텐샤야 |
| 헬멧 | ヘルメット | 헤루멧토 |
| 바퀴 | 車輪 | 샤린 |
| 페달 | ペダル | 페다루 |
| 안장 | サドル | 사도루 |
| 체인 | チェーン | 체-인 |
| 라이트 | ライト | 라이토 |

## Unit 77 교통_기타 交通_その他 174쪽

| 철도 | 鉄道 | 테츠도- |
| 건널목 | 踏み切り | 후미키리 |
| 횡단보도 | 横断歩道 | 오-당호도- |
| 음주 운전 | 飲酒運転 | 인슈운텡 |
| 졸음운전 | 居眠り運転 | 이네무리운텡 |
| 무단횡단 | 無断横断 | 무당오-단 |
| 벌금 | 罰金 | 박킹 |
| 뺑소니 | ひき逃げ | 히키니게 |
| 고속도로 | 高速道路 | 코-소쿠도-로 |
| 갓길 | 路肩 | 로카타 |
| 승객 | 乗客 | 죠-캬쿠 |
| 포장도로 | 舗装道路 | 호소-도-로 |
| 보행자 | 歩行者 | 호코-샤 |
| 도로, 차도 | 道路, 車道 | 도-로, 샤도- |
| 일방통행 | 一方通行 | 입포-츠-코- |
| 인도, 보도 | 人道, 歩道 | 진도-, 호도- |
| 최고 속도 | 最高速度 | 사이코-소쿠도 |
| 교통체증 | 交通渋滞 | 코-츠-쥬-타이 |
| 교통량 | 交通量 | 코-츠-료- |

| 신호등 | 信号灯〔しんごうとう〕 | 신고-토- | 식물원 | 植物園〔しょくぶつえん〕 | 쇼쿠부츠엔 |
|---|---|---|---|---|---|
| 지하도 | 地下道〔ちかどう〕 | 치카도- | 기념품 가게 | お土産屋〔みやげや〕 | 오미야게야 |
| 요금소 | 料金所〔りょうきんしょ〕 | 료-킨쇼 | 타워 | タワー | 타와- |
| 중앙분리대 | 中央分離帯〔ちゅうおうぶんりたい〕 | 츄-오-분리타이 | 관광명소 | 観光名所, 観光スポット〔かんこうめいしょ, かんこう〕 | 캉코-메-쇼, 캉코스폿토 |
| 주차장 | 駐車場〔ちゅうしゃじょう〕 | 츄-샤죠- | 벚꽃 구경 | 花見〔はなみ〕 | 하나미 |

## Unit 78 위치, 방향 位置、方向〔いち、ほうこう〕　　176쪽

| 동쪽 | 東〔ひがし〕 | 히가시 | 시내관광 | 市内観光〔しないかんこう〕 | 시나이캉코- |
|---|---|---|---|---|---|
| 서쪽 | 西〔にし〕 | 니시 | 미술관 | 美術館〔びじゅつかん〕 | 비쥬츠칸 |
| 남쪽 | 南〔みなみ〕 | 미나미 | 동물원 | 動物園〔どうぶつえん〕 | 도-부츠엔 |
| 북쪽 | 北〔きた〕 | 키타 | 입장료 | 入場料〔にゅうじょうりょう〕 | 뉴-죠-료- |
| 동북쪽 | 東北〔とうほく〕 | 토-호쿠 | 체험관 | 体験センター〔たいけん〕 | 타이켄센타- |
| 동남쪽 | 東南〔とうなん〕 | 토-난 | 현장 학습, 견학 | 見学〔けんがく〕 | 켕가쿠 |
| 서북쪽 | 西北〔せいほく〕 | 세-호쿠 | 불꽃놀이 | 花火〔はなび〕 | 하나비 |
| 서남쪽 | 西南〔せいなん〕 | 세-난 | 유원지 | 遊園地〔ゆうえんち〕 | 유-엔치 |
| 동서남북 | 東西南北〔とうざいなんぼく〕 | 토-자이남보쿠 | 휴가 | 休み, 休暇〔やすみ, きゅうか〕 | 야스미, 큐-카 |
| 위 | 上〔うえ〕 | 우에 | 온천 | 温泉〔おんせん〕 | 온센 |
| 아래 | 下〔した〕 | 시타 | 박물관 | 博物館〔はくぶつかん〕 | 하쿠부츠칸 |
| 앞 | 前〔まえ〕 | 마에 | 여행 일정(표) | 旅程, 旅行プラン〔りょてい, りょこう〕 | 료테-, 료코-푸란 |
| 뒤 | 後〔うしろ〕 | 우시로 | 여행 | 旅, 旅行〔たび, りょこう〕 | 타비, 료코- |
| 안 | 中〔なか〕 | 나카 | | | |
| 밖 | 外〔そと〕 | 소토 | | | |
| 오른쪽 | 右〔みぎ〕 | 미기 | | | |

## Unit 80 관광② 観光②〔かんこう〕　　180쪽②

| 왼쪽 | 左〔ひだり〕 | 히다리 | 해외여행 | 海外旅行〔かいがいりょこう〕 | 카이가이료쿄- |
|---|---|---|---|---|---|
| 가운데 | 真ん中〔まなか〕 | 만나카 | 국내여행 | 国内旅行〔こくないりょこう〕 | 코쿠나이료쿄- |
| 옆 | 隣〔となり〕 | 토나리 | 수학여행 | 修学旅行〔しゅうがくりょこう〕 | 슈-가쿠료쿄- |
| 곁, (바로)옆 | 側〔そば〕 | 소바 | 단체여행 | 団体旅行〔だんたいりょこう〕 | 단타이료쿄- |
| 속 | 奥〔おく〕 | 오쿠 | 신혼여행 | 新婚旅行〔しんこんりょこう〕 | 싱콘료쿄- |
| 바깥, 앞쪽 | 表〔おもて〕 | 오모테 | 당일여행 | 日帰り旅行〔ひがえり りょこう〕 | 히가에리료쿄- |
| 안쪽 | 裏〔うら〕 | 우라 | 나홀로여행 | 一人旅〔ひとり たび〕 | 히토리타비 |
| 맞은편 | 向かい〔むかい〕 | 무카이 | 패키지여행 | パックツアー | 팍쿠츠아- |
| | | | 골든위크 | ゴールデンウィーク | 고-루뎅위-쿠 |

## Unit 79 관광① 観光①〔かんこう〕　　178쪽

| 숙박 시설 | 宿泊施設〔しゅくはく しせつ〕 | 슈쿠하쿠시세츠 | 연휴 | 連休〔れんきゅう〕 | 렝큐- |
|---|---|---|---|---|---|
| 수족관 | 水族館〔すいぞくかん〕 | 스이조쿠칸 | 전망대 | 展望台〔てんぼうだい〕 | 템보-다이 |
| 준비, 채비 | 準備, 手配〔じゅんび, てはい〕 | 쥼비, 테하이 | 행락지 | 行楽地〔こうらくち〕 | 코-라쿠치 |
| 투어 | ツアー | 츠아- | 경치 | 景色〔けしき〕 | 케시키 |
| 볼만한 곳 | 見所〔みどころ〕 | 미도코로 | 야경 | 夜景〔やけい〕 | 야케- |
| 유적 | 遺跡〔いせき〕 | 이세키 | 관광코스 | 観光コース〔かんこう〕 | 캉코-코-스 |
| | | | 테마파크 | テーマパーク | 테-마파-쿠 |
| | | | 가이드북 | ガイドブック | 가이도북쿠 |
| | | | 여행경비 | 旅行経費〔りょこうけいひ〕 | 료코-케-히 |

| 지도 | 地図 <sup>ち ず</sup> | 치즈 |
| 환전하다 | 両替する <sup>りょうがえ</sup> | 료-가에스루 |
| 비자를 내다 | ビザを取る <sup>と</sup> | 비자오토루 |
| 여행자 보험 | 旅行者保険 <sup>りょこうしゃ ほ けん</sup> | 료코-샤호켄 |
| 디지털카메라 | デジタルカメラ | 데지타루카메라 |
| 일회용카메라 | 使い捨てカメラ <sup>つか</sup> | 츠카이스테카메라 |

## Unit 81 숙박시설 宿泊施設 <sup>しゅくはく し せつ</sup>　　182쪽

| 숙박 | 宿泊 <sup>しゅくはく</sup> | 슈쿠하쿠 |
| 호텔 | ホテル | 호테루 |
| 비즈니스 호텔 | ビジネスホテル | 비지네스호테루 |
| 유스호스텔 | ユースホステル | 유-스호스테루 |
| 여관 | 旅館 <sup>りょかん</sup> | 료칸 |
| 민박 | 民宿 <sup>みんしゅく</sup> | 민슈쿠 |
| 게스트하우스 | ゲストハウス | 게스토하우스 |
| 리조트 | リゾート | 리조-토 |
| 예약하다 | 予約する <sup>よ やく</sup> | 요야쿠스루 |
| 예약을 취소하다 | 予約をキャンセルする <sup>よ やく</sup> | 요야쿠오캰세루스루 |
| 1박하다 | 一泊する <sup>いっぱく</sup> | 입파쿠스루 |
| 기간 연장 | 期間延長 <sup>き かんえんちょう</sup> | 키캉엔쵸- |
| 체크인, 입실 | チェックイン | 첵쿠인 |
| 체크아웃, 퇴실 | チェックアウト | 첵쿠아우토 |
| 조식포함 | 朝食付き <sup>ちょうしょく つ</sup> | 쵸-쇼쿠츠키 |
| 조식 없음 | 朝食なし <sup>ちょうしょく</sup> | 쵸-쇼쿠나시 |
| 숙박카드 | 宿泊カード <sup>しゅくはく</sup> | 슈쿠하쿠카-도 |
| 객실 번호 | 部屋番号 <sup>へ や ばんごう</sup> | 헤야방고- |
| 빈방 | 空き部屋 <sup>あ べ や</sup> | 아키베야 |
| 만실 | 満室 <sup>まんしつ</sup> | 만시츠 |
| 침대방 | 洋室 <sup>ようしつ</sup> | 요-시츠 |
| 일본식 다다미방 | 和室 <sup>わしつ</sup> | 와시츠 |
| 숙박료 | 宿泊料, 部屋代, 料金 <sup>しゅくはくりょう、へ や だい、りょうきん</sup> | 슈쿠하쿠료-, 헤야다이, 료-킹 |
| 노천온천 | 露天風呂 <sup>ろ てん ぶ ろ</sup> | 로템부로 |

## Unit 82 호텔 ホテル　　184쪽

| 로비 | ロビー | 로비- |
| 프론트 | フロント | 후론토 |
| 스위트룸 | スイートルーム | 스이-토루-무 |

| 더블룸 | ダブルルーム | 다부루루-무 |
| 트윈룸 | ツインルーム | 츠인루-무 |
| 싱글룸 | シングルルーム | 싱구루루-무 |
| 호텔 지배인 | ホテルの支配人 <sup>し はいにん</sup> | 호테루노시하이닝 |
| 접수 담당자 | 受付係 <sup>うけつけがかり</sup> | 우케츠케가카리 |
| 도어맨 | ドアマン | 도아만 |
| 벨보이 | ベルボーイ | 베루보-이 |
| 룸메이드 | ルームメイド | 루-무메이도 |
| 팁 | チップ | 칩푸 |
| 룸서비스 | ルームサービス | 루-무사-비스 |
| 모닝콜 | モーニングコール | 모-닝구코-루 |
| 사우나 | サウナ | 사우나 |
| 세탁 서비스 | ランドリーサービス | 란도리-사-비스 |
| 수영장 | プール | 푸-루 |
| 연회장 | 宴会場 <sup>えんかいじょう</sup> | 엥카이죠- |
| 레스토랑 | レストラン | 레스토란 |
| 봉사료 | サービス料金 <sup>りょうきん</sup> | 사-비스료-킹 |
| 세금 | 税金 <sup>ぜいきん</sup> | 제-킹 |
| 정산하다 | 精算する <sup>せいさん</sup> | 세-산스루 |
| 귀중품을 맡기다 | 貴重品を預ける <sup>き ちょうひん あず</sup> | 키쵸-힝오아즈케루 |
| 금연실 | 禁煙室 <sup>きんえんしつ</sup> | 킹엔시츠 |

## Unit 83 쇼핑① 買い物① <sup>か もの</sup>　　186쪽

| 신상품 | 新商品 <sup>しんしょうひん</sup> | 신쇼-힝 |
| 계산대 | レジ係, レジ <sup>がかり</sup> | 레지가카리, 레지 |
| 저가 | 格安, 低価格 <sup>かくやす、てい か かく</sup> | 카쿠야스, 테-카카쿠 |
| 재고정리(세일) | クリアランスセール | 쿠리아란스세-루 |
| 불량품 | 不良品 <sup>ふ りょうひん</sup> | 후료-힝 |
| 할인 | セール | 세-루 |
| 정기휴일 | 定休日 <sup>ていきゅう び</sup> | 테-큐비 |
| 영업시간 | 営業時間 <sup>えいぎょう じ かん</sup> | 에-교-지칸 |
| 보증서 | 保証書 <sup>ほ しょうしょ</sup> | 호쇼-쇼 |
| 할부 | 分割払い <sup>ぶんかつばら</sup> | 붕카츠바라이 |
| 가격표 | 値札 <sup>ね ふだ</sup> | 네후다 |
| 비닐봉투 | ビニール袋 <sup>ぶくろ</sup> | 비니-루부쿠로 |
| 구입하다 | 購入する, 買う <sup>こうにゅう、か</sup> | 코-뉴-스루, 카우 |
| 사이즈, 치수 | サイズ | 사이즈 |
| 영수증 | 領収書 <sup>りょうしゅうしょ</sup> | 료-슈-쇼 |

| 환불 | 払い戻し, 返金 | 하라이모도시, 헹킹 |
| 소매업 | 小売業 | 코우리교- |
| 매진 | 売り切れ, 完売 | 우리키레, 캄바이 |
| 특별가(판매) | 特別販売, スペシャルオファー | 토쿠베츠함바이, 스페샤루오화- |
| 인기상품 | 目玉商品 | 메다마쇼-힝 |
| 추천상품 | お勧め商品 | 오스스메쇼-힝 |
| 탈의실 | 試着室, 着替室 | 시챠쿠시츠, 키가에시츠 |
| 포장하다 | 包装する, ラッピング | 호-소-스루, 랍핑구 |
| 시식코너 | 試食コーナー | 시쇼쿠코-나- |

## Unit 84 쇼핑②_가게 買い物②_店          188쪽

| 골동품 가게 | アンティークショップ, 骨董品店 | 안티-쿠숍푸, 콧토-힌텡 |
| 제과점 | パン屋, ベーカリー | 팡야, 베-카리 |
| 마권 가게 | ブックメーカー, 賭け屋 | 북쿠메-카-, 카케야 |
| 정육점 | 肉屋 | 니쿠야 |
| 자동차 전시장 | 自動車のショールーム | 지도-샤노쇼-루-무 |
| 자선 가게 | チャリティショップ | 챠리티숍푸 |
| 약국 | 薬屋, 薬局 | 쿠스리야, 약쿄쿠 |
| 야채 가게 | 八百屋 | 야오야 |
| 옷 가게 | 服屋 | 후쿠야 |
| 세탁소 | クリーニング屋 | 쿠리-닝구야 |
| 생선가게 | 魚屋 | 사카나야 |
| 꽃집 | 花屋 | 하나야 |
| 장난감 가게 | おもちゃ屋 | 오모챠야 |
| 잡화상 | 雑貨屋 | 작카야 |
| 선물 가게 | ギフトショップ, ギフト販売店 | 기후토숍푸, 기후토함바이텡 |
| 미용실 | 美容室 | 비요-시츠 |
| 철물점 | 金物店 | 카나모노텡 |
| 매점 | 売店 | 바이텡 |
| 빨래방 | コインランドリー | 코인란도리- |
| 주류 판매하는 곳 | 酒屋 | 사카야 |
| 중고품 가게 | リサイクルショップ, 中古ストアー | 리사이쿠루숍푸, 츄-코스토아- |
| 신발 수선 가게 | 靴修理屋 | 쿠츠슈-리야 |

| 문방구 | 文房具屋 | 분보-구야 |
| 안경점 | 眼鏡屋 | 메가네야 |

## Unit 85 일본관광명소 日本の観光名所          190쪽

| 후지산 | 富士山 | 후지산 |
| 닛코 | 日光 | 닉코- |
| 하코네 | 箱根 | 하코네 |
| 키요미즈데라 | 清水寺 | 키요미즈데라 |
| 킨카쿠지 | 金閣寺 | 킹카쿠지 |
| 호류지 | 法隆寺 | 호-류-지 |
| 토다이지 | 東大寺 | 토-다이지 |
| 아소산 | 阿蘇山 | 아소산 |
| 도톤보리 | 道頓堀 | 도-톰보리 |
| 가루이자와 | 軽井沢 | 카루이자와 |
| 아사쿠사 | 浅草 | 아사쿠사 |
| 오사카성 | 大阪城 | 오-사카죠- |
| 하코다테 | 函館 | 하코다테 |
| 만자모 | 万座毛 | 만자모- |
| 나고야성 | 名古屋城 | 나고야죠- |
| 유니버셜스튜디오 | ユニバーサルスタジオ | 유니바-사루스타지오 |
| 기타노이진칸 | 北野異人館 | 키타노이징칸 |
| 오타루운하 | 小樽運河 | 오타루웅가 |
| 나카스포장마차거리 | 中州屋台街 | 나카스야타이가이 |
| 유후인 | 由布院 | 유후인 |
| 하우스텐보스 | ハウステンボス | 하우스템보스 |
| 사쿠라지마 | 桜島 | 사쿠라지마 |
| 아마노하시다테 | 天橋立 | 아마노하시다테 |
| 벳부온천 | 別府温泉 | 벱푸온셍 |

## Part 05 사회와 국가

## Unit 86 음식점 食堂          194쪽

| 식당 | 食堂 | 쇼쿠도- |
| 고급 레스토랑 | 高級レストラン | 코-큐-레스토란 |
| 선술집 | 居酒屋 | 이자카야 |
| 패스트푸드점 | ファーストフード店 | 화-스토후-도텡 |
| 뷔페 | バイキング | 바이킹구 |

| | | | |
|---|---|---|---|
| 커피숍 | コーヒーショップ | 코-히-숍푸 | |
| 카페테리아 | カフェテリア | 카훼테리아 | |
| 웨이터 | ウェイター | 웨이타- | |
| 메뉴 | メニュー | 메뉴- | |
| 전채요리 | アペタイザー | 아페타이자- | |
| 샐러드 | サラダ | 사라다 | |
| 파스타 | パスタ | 파스타 | |
| 주요리 | メイン料理 | 메인료-리 | |
| 비프스테이크 | ビーフステーキ | 비-후스테-키 | |
| 잘 익은 | ウェルダン | 웨루단 | |
| 중간 정도로 익은 | ミディアム | 미디아무 | |
| 덜 익은 | レアー | 레아- | |
| 채식주의자 | ベジタリアン | 베지타리안 | |
| 조리법 | レシピ | 레시피 | |
| 한 그릇 더 | お代わり | 오카와리 | |
| 가벼운 식사 | 軽食 | 케-쇼쿠 | |
| 디저트 | デザート | 데자-토 | |
| 테이크아웃 | 持帰り | 모치카에리 | |
| 계산서 | 計算書 | 케-산쇼 | |

## Unit 87 술 お酒 196쪽

| | | | |
|---|---|---|---|
| 레드와인 | 赤ワイン | 아카와인 | |
| 화이트와인 | 白ワイン | 시로와인 | |
| 맥주 | ビール | 비-루 | |
| 생맥주 | 生ビール | 나마비-루 | |
| 보드카 | ウォッカ | 웟카 | |
| 럼주 | ラム酒 | 라무슈 | |
| 브랜디 | ブランデー | 부란데- | |
| 칵테일 | カクテル | 카쿠테루 | |
| 진토닉 | ジントニック | 진토닉쿠 | |
| 샴페인 | シャンパン | 샴판 | |
| 데킬라 | テキーラ | 테키-라 | |
| 소주 | 焼酎 | 쇼-츄- | |
| 정종 | 日本酒 | 니혼슈 | |
| 매실주 | 梅酒 | 우메슈 | |
| 스카치 | スコッチ | 스콧치 | |
| 유자술 | 柚酒 | 유즈자케 | |
| 막걸리 | マッコリ | 막코리 | |

| | | | |
|---|---|---|---|
| 동동주 | ドンドンジュ | 돈돈쥬 | |
| 술안주 | おつまみ | 오츠마미 | |
| 도수 | 度数 | 도스- | |
| 숙취 | 二日酔い | 후츠카요이 | |
| 바텐더 | バーテンダー | 바-텐다- | |
| 만취하다 | 酔っ払う | 욥파라우 | |
| 건배 | 乾杯 | 캄파이 | |

## Unit 88 은행 銀行 198쪽

| | | | |
|---|---|---|---|
| 은행원 | 銀行員 | 깅코-인 | |
| 통장 | 通帳 | 츠-쵸- | |
| 계좌번호 | 口座番号 | 코-자방고- | |
| 계좌를 개설하다 | 口座を開く, 口座を開設する | 코-자오히라쿠, 코-자오카이세츠스루 | |
| 비밀번호 | 暗証番号 | 안쇼-방고- | |
| 예금 | 預金 | 요킹 | |
| 신분증 | 身分証 | 미분쇼- | |
| 현금카드 | キャッシュカード | 캇슈카-도 | |
| 저축 | 貯蓄 | 쵸치쿠 | |
| 금리 | 金利 | 킨리 | |
| 환율 | 為替レート | 카와세레-토 | |
| 예금 용지 | 預け入れ用紙 | 아즈케이레요-시 | |
| 출금 용지 | 払い戻し用紙 | 하라이모도시요-시 | |
| 인터넷뱅킹 | インターネットバンク, ネットバンク | 인타-넷토방쿠, 넷토방쿠 | |
| 은행수수료 | 銀行手数料 | 깅코-테스-료- | |
| 주택 담보 대출 | 住宅ローン | 쥬-타쿠로-온 | |
| 현금 자동인출기 / ATM | 現金自動預け払い機 / エーティーエム | 겡킨지도-아즈케바라이키 / 에-티-에무 | |
| 계좌이체 | 振り込み | 후리코미 | |
| 잔액조회 | 残高昭会 | 잔다카쇼-카이 | |
| 통장정리 | 通帳記入 | 츠-쵸-키뉴- | |
| 수표 | 小切手 | 코깃테 | |
| 이서 | 裏書 | 우라가키 | |
| 환전 | 両替 | 료-가에 | |
| 이자 | 利子 | 리시 | |

## Unit 89 우체국 郵便局 200쪽

| | | | |
|---|---|---|---|
| 우체국 | 郵便局 | 유-빙쿄쿠 | |
| 우체국 직원 | 郵便局員 | 유-빙쿄쿠잉 | |

| 우체통 | 郵便ポスト | 유-빔포스토 |
| 우편물 | 郵便物 | 유-빔부츠 |
| 편지 | 手紙 | 테가미 |
| 우편엽서 | 葉書 | 하가키 |
| 연하장 | 年賀状 | 넹가죠- |
| 소포 | 小包 | 코즈츠미 |
| 택배 | 宅急便 | 탁큐-빈 |
| 항공편 | 航空便 | 코-쿠-빈 |
| 배편 | 船便 | 후나빈 |
| 우편요금 | 送料 | 소-료- |
| 착불, 수취인부담 | 着払い | 챠쿠바라이 |
| 등기 | 書留 | 카키토메 |
| 빠른우편 | 速達 | 소쿠타츠 |
| 전보 | 電報 | 뎀포- |
| 봉투 | 封筒 | 후-토- |
| 우표 | 切手 | 킷테 |
| 우편번호 | 郵便番号 | 유-빔방고- |
| 받는 사람 | 受取人 | 우케토리닌 |
| 보내는 사람 | 発信者 / 発送者 | 핫신샤 / 핫소-샤 |
| 배달처 | 配達先 | 하이타츠사키 |
| 배달일 | 配送日 | 하이소-비 |
| 깨지기 쉽다 | 壊れ易い | 코와레야스이 |

## Unit 90 도서관 図書館　　202쪽

| 도서관 | 図書館 | 토쇼칸 |
| 열람실 | 閲覧室 | 에츠란시츠 |
| 서가 | 書架 | 쇼카 |
| 시청각자료 | 視聴覚資料 | 시쵸-카쿠시료- |
| 대출증 | 貸出証 | 카시다시쇼- |
| 연체 | 延滞 | 엔타이 |
| 대출정지 | 貸出停止 | 카시다시테-시 |
| 신간 | 新刊 | 싱칸 |
| 소설 | 小説 | 쇼-세츠 |
| 수필 | 随筆 | 즈이히츠 |
| 에세이 | エッセー | 엣세- |
| 그림책 | 絵本 | 에홍 |
| 사진집 | 写真集 | 샤신슈- |
| 시집 | 詩集 | 시슈- |
| 문고 | 文庫 | 붕코 |

| 아동서 | 児童書 | 지도-쇼 |
| 도서신청 | 図書の取り寄せ | 토쇼노토리요세 |
| 사서 | 司書 | 시쇼 |
| 휴관일 | 休館日 | 큐-캄비 |
| 개관시간 | 開館時間 | 카이칸지칸 |
| 폐관시간 | 閉館時間 | 헤-칸지칸 |
| 반납함 | ブックポスト | 북쿠포스토 |
| 주간지 | 週刊誌 | 슈-칸시 |
| 도서검색 | 図書検索 | 토쇼켄사쿠 |

## Unit 91 세탁소 クリーニング屋　　204쪽

| 세탁기 | 洗濯機 | 센타쿠키 |
| 건조기 | 乾燥機 | 칸소-키 |
| 다리미 | アイロン | 아이롱 |
| 다림질하다 | アイロンをかける | 아이롱오카케루 |
| 재봉틀 | ミシン | 미싱 |
| 세탁소 | クリーニング屋 | 쿠리-닝구야 |
| 빨래방 | コインランドリー | 코인란도리- |
| 세탁물 | 洗濯物 | 센타쿠모노 |
| 세탁물을 찾다 | 洗濯物を取る | 센타쿠모노오토루 |
| 드라이클리닝 | クリーニング | 쿠리-닝구 |
| 드라이클리닝을 맡기다 | クリーニングに出す | 쿠리-닝구니다스 |
| 세탁비 | クリーニング代 | 쿠리-닝구다이 |
| 물빨래 | 水洗い | 미즈아라이 |
| 손빨래 | 手洗い | 테아라이 |
| 세제 | 洗剤 | 센자이 |
| 섬유유연제 | 柔軟剤 | 쥬-난자이 |
| 얼룩 | 染み | 시미 |
| 때, 더러움 | 汚れ | 요고레 |
| 옷감 | 生地 | 키지 |
| 옷감이 상하다 | 生地が傷む | 키지가이타무 |
| (옷감이)줄어들다 / 늘어나다 | 縮む / 伸びる | 치지무 / 노비루 |
| 수선 | 直す | 나오스 |
| 기장을 줄이다 | 丈を詰める | 타케오츠메루 |
| 찢어지다 | 破れる | 야부레루 |

## Unit 92 부동산 不動産　　206쪽

| 방을 빌리다 | 部屋を借りる | 헤야오카리루 |

| 방을 찾다 | 部屋を探す | 헤야오사가스 |
| 집주인 | 大家さん | 오-야상 |
| 보증금 | 敷金 | 시키킹 |
| 사례금 | 礼金 | 레-킹 |
| 집세 | 家賃 | 야칭 |
| 계약금 / 착수금 | 頭金 / 手付け金 | 아타마킹 / 테츠케킹 |
| 단독주택 | 一戸建て | 익코다테 |
| 아파트 | アパート | 아파-토 |
| 맨션 | マンション | 만숀 |
| 신축맨션 | 新築マンション | 신치쿠만숀 |
| 중고맨션 | 中古マンション | 츄-코만숀 |
| 위약금 | 違約金 | 이야쿠킹 |
| 인감증명서 | 印鑑証明書 | 잉칸쇼-메-쇼 |
| 인테리어 | インテリア | 인테리아 |
| 단층집 | 平屋 | 히라야 |
| 해제조건 | 解除条件 | 카이죠죠-켄 |
| 매입보증 | 買い取り保証 | 카이토리호쇼- |
| 해약 | 解約 | 카이야쿠 |
| 화재보험료 | 火災保険料 | 카사이호켄료- |
| 가등기 | 仮登記 | 카리토-키 |
| 공익비 | 共益費 | 쿄-에키히 |
| 갱신료 | 更新料 | 코-신료- |
| 중개수수료 | 仲介手数料 | 츄-카이테스-료- |

## Unit 93 회사① 会社①     208쪽

| 설립 | 設立 | 세츠리츠 |
| 자본 | 資本 | 시혼 |
| 창립자 | 創立者 | 소-리츠샤 |
| 본사 / 지사 | 本社 / 支社 | 혼샤 / 시샤 |
| 고용주 | 雇い主 | 야토이누시 |
| 종업원 | 従業員 | 쥬-교-인 |
| 경영 | 経営 | 케-에- |
| 노동조합 | 労働組合 | 로-도-쿠미아이 |
| 투자 | 投資 | 토-시 |
| 흑자 | 黒字 | 쿠로지 |
| 적자 | 赤字 | 아카지 |
| 거래 | 取り引き | 토리히키 |
| 일 | 仕事 | 시고토 |

| 월급 | 給料 | 큐-료- |
| 보너스, 상여금 | ボーナス | 보-나스 |
| 출근 | 出勤 | 슉킹 |
| 결근 | 欠勤 | 켓킹 |
| 승진 | 昇進 | 쇼-신 |
| 은퇴 | 隠退 | 인타이 |
| 고용 | 雇用 | 코요- |
| 면접 | 面接 | 멘세츠 |
| 사직 | 辞職 | 지쇼쿠 |
| 파산 | 破産 | 하산 |
| 합병 | 合併 | 갑페- |

## Unit 94 회사② 会社②     210쪽

| 회장 | 会長 | 카이쵸- |
| 사장 | 社長 | 샤쵸- |
| 대표이사 | 代表取締役 | 다이효-토리시마리야쿠 |
| 부사장 | 副社長 | 후쿠샤쵸- |
| 전무 | 専務 | 셈무 |
| 상무 | 常務 | 죠-무 |
| 이사 | 理事 | 리지 |
| 부장 | 部長 | 부쵸- |
| 차장 | 次長 | 지쵸- |
| 과장 | 課長 | 카쵸- |
| 계장 | 係長 | 카카리쵸- |
| 대리 | 代理 | 다이리 |
| 주임 | 主任 | 슈닌 |
| 사원 | 社員 | 샤인 |
| 신입사원 | 新入社員 | 신뉴-샤인 |
| 상사 | 上司 | 죠-시 |
| 동료 | 同僚 | 도-료- |
| 부하 | 部下 | 부카 |
| 사무장 | 事務長 | 지무쵸- |
| 관리자 | 管理者 | 칸리샤 |
| 중역 | 重役 | 쥬-야쿠 |
| 고문 | 顧問 | 코몬 |
| 조수 | 助手 | 조슈 |
| 비서 | 秘書 | 히쇼 |

## Unit 95 회사③ 会社③     212쪽

| 사장실 | 社長室 (しゃちょうしつ) | 샤쵸-시츠 |
|---|---|---|
| 비서실 | 秘書室 (ひしょしつ) | 히쇼시츠 |
| 총무부 | 総務部 (そうむぶ) | 소-무부 |
| 인사부 | 人事部 (じんじぶ) | 진지부 |
| 경리부 | 経理部 (けいりぶ) | 케-리부 |
| 기획부 | 企画部 (きかくぶ) | 키카쿠부 |
| 감사부 | 監査部 (かんさぶ) | 칸사부 |
| 영업부 | 営業部 (えいぎょうぶ) | 에-교-부 |
| 구매부 | 購買部 (こうばいぶ) | 코-바이부 |
| 법무부 | 法務部 (ほうむぶ) | 호-무부 |
| 해외영업부 | 海外営業部 (かいがいえいぎょうぶ) | 카이가이에-교-부 |
| 관리부 | 管理部 (かんりぶ) | 칸리부 |
| 개발부 | 開発部 (かいはつぶ) | 카이하츠부 |
| 마케팅부 | マーケティング部 | 마-케팅구부 |
| 회계부 | 会計部 (かいけいぶ) | 카이케-부 |
| 자금부 | 資金部 (しきんぶ) | 시킴부 |
| 연구실 | 研究室 (けんきゅうしつ) | 켕큐-시츠 |
| 홍보부 | 広報部 (こうほうぶ) | 코-호-부 |
| 무역부 | 貿易部 (ぼうえきぶ) | 보-에키부 |
| 수출부 | 輸出部 (ゆしゅつぶ) | 유슈츠부 |
| 제조부 | 製造部 (せいぞうぶ) | 세-조-부 |
| 경영전략부 | 経営戦略部 (けいえいせんりゃくぶ) | 케-에-센랴쿠부 |
| 조달과 | 調達課 (ちょうたつか) | 쵸-타츠카 |
| 판매촉진부 | 販売促進部 (はんばいそくしんぶ) | 함바이소쿠심부 |

### Unit 96 일본행정구역① 都道府県(行政区画)①(とどうふけんぎょうせいくかく) 214쪽

| 1도1도2부43현 | 1都1道2府43県 (かどうふけん) | 잇토이치도-니후온주산켄 |
|---|---|---|
| 홋카이도 | 北海道 (ほっかいどう) | 혹카이도- |
| 아오모리현 | 青森県 (あおもりけん) | 아오모리켄 |
| 아키타현 | 秋田県 (あきたけん) | 아키타켄 |
| 이와테현 | 岩手県 (いわてけん) | 이와테켄 |
| 야마가타현 | 山形県 (やまがたけん) | 야마가타켄 |
| 미야기현 | 宮城県 (みやぎけん) | 미야기켄 |
| 후쿠시마현 | 福島県 (ふくしまけん) | 후쿠시마켄 |
| 니가타현 | 新潟県 (にいがたけん) | 니-가타켄 |
| 토야마현 | 富山県 (とやまけん) | 토야마켄 |
| 이시카와현 | 石川県 (いしかわけん) | 이시카와켄 |
| 후쿠이현 | 福井県 (ふくいけん) | 후쿠이켄 |

| 야마나시현 | 山梨県 (やまなしけん) | 야마나시켄 |
|---|---|---|
| 나가노현 | 長野県 (ながのけん) | 나가노켄 |
| 기후현 | 岐阜県 (ぎふけん) | 기후켄 |
| 시즈오카현 | 静岡県 (しずおかけん) | 시즈오카켄 |
| 아이치현 | 愛知県 (あいちけん) | 아이치켄 |
| 도쿄도 | 東京都 (とうきょうと) | 토-쿄-토 |
| 이바라키현 | 茨城県 (いばらきけん) | 이바라기켄 |
| 토치기현 | 栃木県 (とちぎけん) | 토치기켄 |
| 군마현 | 群馬県 (ぐんまけん) | 군마켄 |
| 사이타마현 | 埼玉県 (さいたまけん) | 사이타마켄 |
| 치바현 | 千葉県 (ちばけん) | 치바켄 |
| 가나가와현 | 神奈川県 (かながわけん) | 카나가와켄 |

### Unit 97 일본행정구역② 都道府県(行政区画)②(とどうふけんぎょうせいくかく) 216쪽

| 오사카부 | 大阪府 (おおさかふ) | 오-사카후 |
|---|---|---|
| 교토부 | 京都府 (きょうとふ) | 쿄-토후 |
| 시가현 | 滋賀県 (しがけん) | 시가켄 |
| 미에현 | 三重県 (みえけん) | 미에켄 |
| 나라현 | 奈良県 (ならけん) | 나라켄 |
| 효고현 | 兵庫県 (ひょうごけん) | 효-고켄 |
| 와카야마현 | 和歌山県 (わかやまけん) | 와카야마켄 |
| 돗토리현 | 鳥取県 (とっとりけん) | 톳토리켄 |
| 오카야마현 | 岡山県 (おかやまけん) | 오카야마켄 |
| 시마네현 | 島根県 (しまねけん) | 시마네켄 |
| 히로시마현 | 広島県 (ひろしまけん) | 히로시마켄 |
| 야마구치현 | 山口県 (やまぐちけん) | 야마구치켄 |
| 카가와현 | 香川県 (かがわけん) | 카가와켄 |
| 도쿠시마현 | 徳島県 (とくしまけん) | 톡시마켄 |
| 코치현 | 高知県 (こうちけん) | 코-치켄 |
| 에히메현 | 愛媛県 (えひめけん) | 에히메켄 |
| 후쿠오카현 | 福岡県 (ふくおかけん) | 후쿠오카켄 |
| 사가현 | 佐賀県 (さがけん) | 사가켄 |
| 나가사키현 | 長崎県 (ながさきけん) | 나가사키켄 |
| 구마모토현 | 熊本県 (くまもとけん) | 쿠마모토켄 |
| 오이타현 | 大分県 (おおいたけん) | 오-이타켄 |
| 미야자키현 | 宮崎県 (みやざきけん) | 미야자키켄 |
| 가고시마현 | 鹿児島県 (かごしまけん) | 카고시마켄 |
| 오키나와현 | 沖縄県 (おきなわけん) | 오키나와켄 |

| 한국 | 韓国 | 캉코쿠 |
| 일본 | 日本 | 니혼 |
| 중국 | 中国 | 츄―고쿠 |
| 미국 | アメリカ | 아메리카 |
| 캐나다 | カナダ | 카나다 |
| 프랑스 | フランス | 후란스 |
| 이탈리아 | イタリア | 이타리아 |
| 독일 | ドイツ | 도이츠 |
| 벨기에 | ベルギー | 베루기― |
| 러시아 | ロシア | 로시아 |
| 말레이시아 | マレーシア | 마레―시아 |
| 아르헨티나 | アルゼンチン | 아루젠친 |
| 스페인 | スペイン | 스페인 |
| 우루과이 | ウルグアイ | 우루구아이 |
| 대만 | 台湾 | 타이완 |
| 온두라스 | ホンジュラス | 혼주라스 |
| 아이슬란드 | アイスランド | 아이스란도 |
| 헝가리 | ハンガリー | 항가리― |
| 불가리아 | ブルガリア | 부루가리아 |
| 체코 | チェコ | 체코 |
| 덴마크 | デンマーク | 뎀마―쿠 |
| 슬로바키아 | スロバキア | 스로바키아 |
| 슬로베니아 | スロベニア | 스로베니아 |
| 몽골 | モンゴル | 몽고루 |

| 스위스 | スイス | 스이스 |
| 네덜란드 | オランダ | 오란다 |
| 그리스 | ギリシャ | 기리샤 |
| 우크라이나 | ウクライナ | 우쿠라이나 |
| 카자흐스탄 | カザフスタン | 카자후스탄 |
| 알바니아 | アルバニア | 아루바니아 |
| 영국 | イギリス | 이기리스 |
| 라오스 | ラオス | 라오스 |
| 필리핀 | フィリピン | 휘리핀 |
| 칠레 | チリ | 치리 |
| 캄보디아 | カンボジア | 캄보지아 |

| 싱가포르 | シンガポール | 싱가포―루 |
| 호주 | オーストラリア | 오―스토라리아 |
| 남아프리카 | 南アフリカ | 미나미아후리카 |
| 알제리 | アルジェリア | 아루제리아 |
| 앙골라 | アンゴラ | 앙고라 |
| 우간다 | ウガンダ | 우간다 |
| 이집트 | エジプト | 에지푸토 |
| 에티오피아 | エチオピア | 에치오피아 |
| 에리트레아 | エリトリア | 에리토리아 |
| 가나 | ガーナ | 가―나 |
| 가봉 | ガボン | 가봉 |
| 카메룬 | カメルーン | 카메루―운 |
| 카타르 | カタール | 카타―루 |

| 감비아 | ガンビア | 감비아 |
| 기니 | ギニア | 기니아 |
| 케냐 | ケニア | 케니아 |
| 코모로 | コモロ | 코모로 |
| 콩고공화국 | コンゴ共和国 | 콩고쿄―와코쿠 |
| 북한 | 北朝鮮 | 키타쵸―센 |
| 잠비아 | ザンビア | 잠비아 |
| 터키 | トルコ | 토루코 |
| 시리아 | シリア | 시리아 |
| 이라크 | イラク | 이라쿠 |
| 사우디아라비아 | サウジアラビア | 사우지아라비아 |
| 이란 | イラン | 이란 |
| 네팔 | ネパール | 네파―루 |
| 인도 | インド | 인도 |
| 스리랑카 | スリランカ | 스리랑카 |
| 베트남 | ベトナム | 베토나무 |
| 미얀마 | ミャンマー | 먄마― |
| 인도네시아 | インドネシア | 인도네시아 |
| 몰디브 | モルディブ | 모루디부 |
| 예멘 | イエメン | 이에멘 |
| 바레인 | バーレーン | 바―레―엔 |
| 아랍에미리트 | アラブ首長国連邦 | 아라부슈쵸―코쿠렘포― |
| 나이지리아 | ナイジェリア | 나이제리아 |
| 멕시코 | メキシコ | 메키시코 |